전쟁 그리고 패션 III
캣워크 위의 나폴레옹

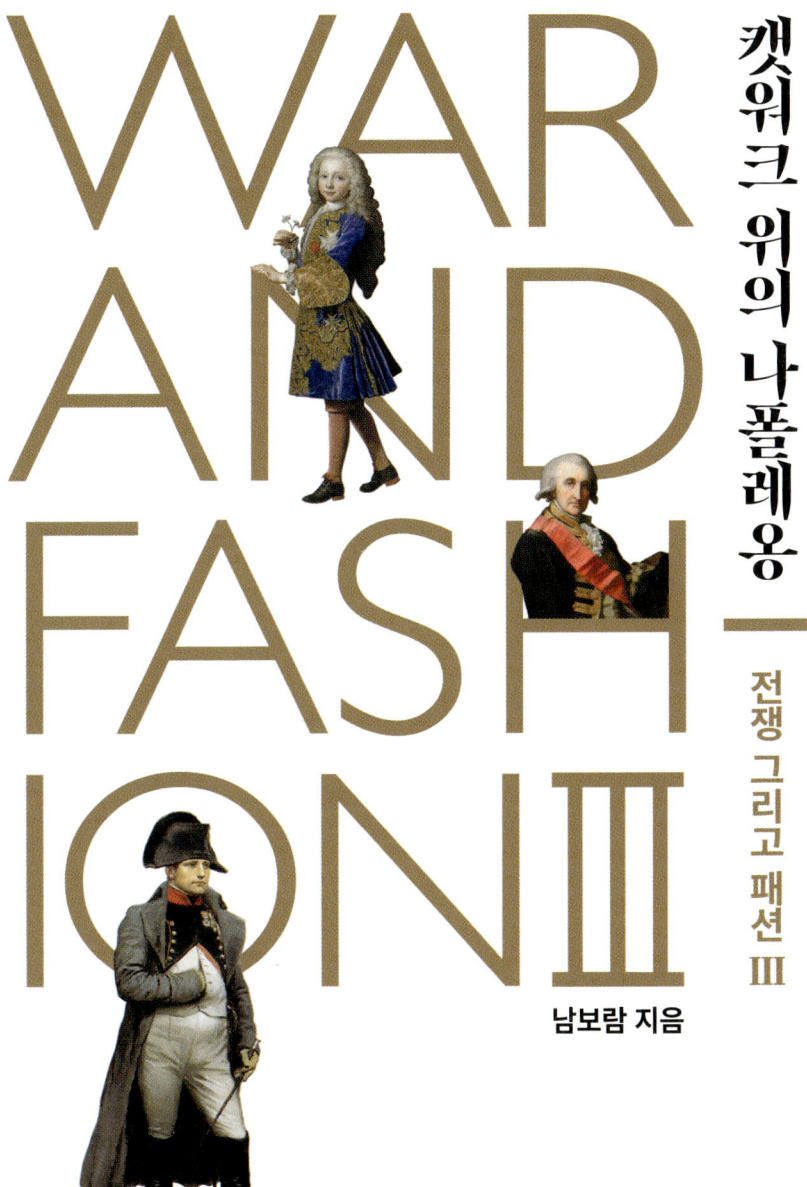

캣워크 위의 나폴레옹

WAR AND FASHION III

전쟁 그리고 패션 III

남보람 지음

와이즈플랜

들어가며

　중세 기사는 무력을 소유한 귀족이었다. 귀족이 입을 법한 옷과 장구를 착용하고 말 위에 올라 전장을 누볐다. 귀족 기사는 신을 대리한다고 믿었기 때문에 고귀한 상징을 정성스럽게 수놓고 새긴 갑옷을 입었다.

　기사에 이어 전장에 등장한 용병은 영주가 고용한 전쟁 대리인이었다. 고용률을 높이기 위해 용병은 화려하고 꾸밈 많은 무장 외투를 입었다. 전장을 모르는 세습 귀족 출신의 영주들은 종종 멋들어지게 차려 입은 용병과 계약했다.

　근대를 전후한 실용의 시대에 군복은 정성스러운 상징과 화려한 꾸밈을 버렸다. 대신 생존에 초점을 맞춘 기능성 디자인과 소재가 무장의 근본이 되었다. 화려하게 수놓인 레이스나 문장 대신 단색의 단순한 디자인으로 된 군복이 주를 이루었다.

　이처럼 전쟁과 패션은 역사적으로 구성된다. 시대의 필요에 의해 디자인이나 포함 요소가 정해지기도 하고 남다른 감각을 가진 의사결정권자의 아이디어가 가미되기도 한다. 무엇이 되었든 전쟁의 양상이 그러한 것처럼 패션도 끊임없이 변화한다.

모든 변화가 역사의 기록에 남지는 않는다. 기록은 대개 기억에 남은 것 중 유의미하다고 판단한 선택들의 일부이다. 존재의 파편이고 불확실한 사실이다. 그렇게 남은 기록조차 일부만이 후대에 전해진다.

전쟁과 패션의 역사도 마찬가지이다. 어떤 패션은 중세 기사의 갑옷에서 온 것인데 중간에 무슨 일이 있었는지 흐릿하다. 어떤 군복은 디자이너의 손길을 거친 것일 텐데 무슨 사유로 그리 된 것인지 모호하다.

전쟁과 패션의 흐릿한 흔적과 모호한 관계를 불확실한 사실과 존재의 파편으로 깁고 짠 것이 《전쟁 그리고 패션 Ⅲ: 캣워크 위의 나폴레옹》이다. 전쟁과 패션을 좋아해서 즐겁게 썼으니, 전쟁에 관심 많고 패션을 좋아하는 분들이 두루 읽으셨으면 좋겠다.

| 차례 |

들어가며 004

01　사굼 Sagum 009
02　쥐스토코르 Justacorps 020
03　레이스와 브레이드 Lace & Braid 037
04　샤포 Chapeau 056
05　무스탕 Mustang 066
06　하운즈투스 체크 Houndstooth Check 075
07　N1 덱 재킷 N1 Deck Jacket 088
08　개리슨 캡 Garrison Cap 096
09　베르살리에르 장식 Bersagliere 109
10　데님 Denim 125
11　보트 슈즈 Boat Shoes 138
12　올 블랙 All Black 148
13　바가지 머리 Bowl Haircut 157

14	와치 캡 Watch Cap	168
15	뮈스카댕 Muscadin	179
16	하디 햇 Hardee Hat	201
17	M1951 전투모 M1951 Field Cap	209
18	부대 마크 Distinctive Insignia	221
19	패니 팩 Fanny Pack	238
20	오스트리아 매듭 Austrian Knot	249
21	케피에와 쉬마그 Keffiyeh & Shemagh	260
22	전투화 Combat Boots	274
23	나일론 Nylon	293
24	구김 모자 Crusher Cap	300
25	풀 비어드 Full Beard	312
26	케피 Kepi	323

01 | 사굼

슈퍼히어로의 상징 망또의 유래, 사굼

망또? 망토!

우리가 '망또'라고 부르는 패션이 있다. 수건, 옷감을 뜻하는 라틴어 만텔룸mantēllum에서 왔다. 프랑스어로는 마-뚜manteau이고 포르투갈어로는 만또manto이며 일본은 이를 가져다가 만또マント로 표기하고 읽었다.

영어로는 18세기까지 맨츄아mantua였다가 현재는 맨틀mantle로 부른다. 그렇다면 도대체 우리는 이걸 왜 '망또'라고 부를까.

'망또'라는 단어가 지면상에 처음 등장하는 것은 1940년 7월 7일로, 《동아일보》〈야우서정夜雨敍情〉이란 코너에서다. 그런데 "테-프", "레인코-트", "쏘프트", "쏘파", "테-블"은 외래어로 인식하여 큰따옴표를 붙여놓고 망또는 따옴표 없이 그냥 썼다.

구분	라틴어	프랑스어	포르투갈어	영어	일본어
표기	mantēllum (만텔룸)	manteau (마-뚜)	manto (만또)	mantua (맨츄아) 혹은 mantle (맨틀)	マント (만또)

'망또'의 언어별 표기

미루어 보건데, 망또가 우리말의 일본식 표기라고 생각했던 것 같다. 'マント'에서 'ン'의 음 값이 'ㄴ'이니 '만또'가 적당한데, 굳이 'ㅇ'을 넣어서 '망또'라고 했을 때는 우리 복식 이름인 망건이나 외투 같은 것을 떠올렸을 것이다.

'망또' 대신 '망토'라는 표현이 굳은 것은 1967년 앙드레김의 패션쇼 이후였던 것 같다. 그는 두르고 걸치는 옷을 캣워크에 올리며 프랑스 발음으로 '마-뚜'라 소개했는데, 언론에선 이를 '망토'로 받아 보도했고 이후 그렇게 굳었다.

정리하자면, '망또'도 '망토'도 올바른 발음, 표기가 아니다. 일본어를 차용했다면 만또, 프랑스어에서 가져왔다면 마-뚜가 맞다. 그도 아니고 영어라면 맨츄아나 맨틀이라 해야 한다. 그러나 외래어가 들어와 잘못 굳은 다른 많은 사례들처럼 현재 우리는 '망토'를 표준어로 쓰고 있다.

1960년대 앙드레김의 문화적 영향력은 컸다. 사진은 1963년 12월, 반도호텔에서 열린 앙드레김 의상 발표회 영상 중 일부 ⓒ한국정책방송유튜브

망토는 어디에서 유래한 것일까

망토는 외투의 일종으로 헐렁하게 어깨 위에 둘러 입을 수 있는 옷이다. 소매와 칼라가 없으며 남녀 공용인 것이 특징인데, 이런 종류의 복식은 세계 곳곳에 존재한다. 따라서 망토가 어디에서 유래했는지 특정하긴 어렵지만 대략 고대 로마, 그리스로부터 다음과 같은 초기 형태를 발견할 수 있다.

고대 그리스의 히마티온

고대의 것 중 기록에 남아있는 첫 번째 망토는 히마티온himation이다. 고대 그리스를 배경으로 한 영화의 등장인물은 대개 이 옷을 입고 있다.

영화 《알렉산더(2004)》에 나오는 고대 그리스의 철학자 아리스토텔레스와 제자들의 모습 ⓒIMDb

좌 그리스에 남아 있는 고대 그리스 남녀 상. 히마티온을 입고 있다. ⓒfashionhistory.fitnyc.edu
우 작자 미상의 그리스 시대 소조,《히마티온을 입은 노인》ⓒ보스턴미술관

이후 히마티온은 정장 혹은 후드의 역할을 겸하는 로마 시대의 대표 복식 중 하나가 된다. 기록화 속에 등장하는 예수 그리스도가 입고 있는 것도 히마티온의 일종이다.

좌 로마 시대에 히마티온을 입는 여러 가지 방법 ⓒfashionhistory.fitnyc.edu
우 300년경 그린 것으로 추정되는 로마 시대 벽화,《여인을 치유하는 예수》ⓒbiblegateway.com

《여인을 치유하는 예수》일화 당시에 예수와 그의 일행은 히마티온을 후드처럼 머리에 둘러쓰고 이동했을 것으로 추정된다. ⓒbiblegateway.com

로마의 토가

토가toga는 디자인을 반원형으로 통일하고 좌우 폭을 규격화(3미터형과 6미터형)한, 말하자면 개량형 히마티온이다. 토가는 로마인의 일상복이었는데, 시간이 지나면서 장식과 의미가 더해져 신분별로 색과 디자인이 차별화되었다. 통상 평민은 장식 없는 흰색 토가를, 왕족과 종교지도자는 옷 테두리에 보라색 띠가 들어간 흰색 토가를 입었다.

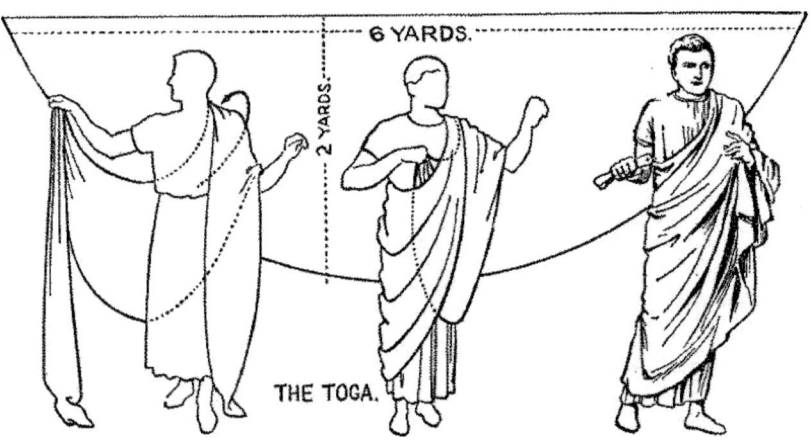

토가를 활짝 편 형태와 입는 방법을 묘사한 삽화 ⓒwww.mm

로마 귀족의 팔리움

팔리움pallium은 로마 원로원 의원과 고위 공직자가 입는 토가로 일종의 유니폼이었다고 보면 된다. 반원형이었던 디자인은 다시 고대 그리스 때의 직사각형으로 돌아갔고 색상은 직책에 따라 다양하게 적용했다.

시간이 지나면서 팔리움은 의상으로서 기능보다는 계급 상징성이 더

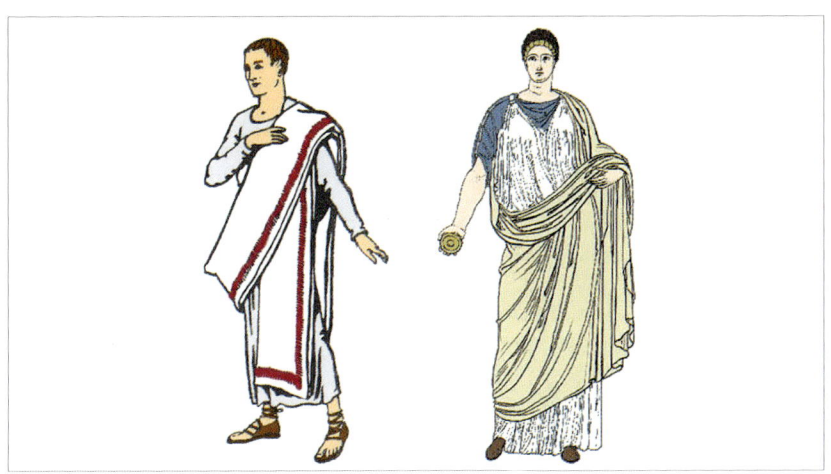

팔리움을 몸에 걸치거나 들고 있는 모습 ⓒfashionhistory.fitnyc.edu

강조되었다. 그래서 입고 두르기 보다는 위의 그림에서처럼 길게 접어 걸치거나 어깨 뒤로 한 바퀴 돌려 한손으로 여미고 다녔다.

로마 군인의 사굼

사굼sagum은 로마 군인들이 입는 토가로 두꺼운 직사각형 모양이었다. 방수와 보존을 위해 양털기름인 라놀린을 발라 관리했다. 길이와 넓이는 딱 1인용 담요 정도였다. 전투 시 행동에 걸리적거리지 않으면서도 비전투 시 보온, 열 차단 등이 가능해야 했기 때문이다.

사굼은 토가나 팔리움처럼 걸치거나 두르지 않고 가죽끈으로 묶거나 금속 장신구로 고정시켰다. 다음에 제시한 기록화, 이를 바탕으로 제작된 영화에서 보듯 출신이 귀하고 계급이 높을수록 고정용 금속 장신구가 크고 화려했다.

상 모자이크 작품《나일강의 로마군》. 일부 인원이 갑옷 위에 사굼을 걸치고 있다. ⓒ팔레스트리나고고학박물관
중 영화《부활(2016)》중 한 장면 ⓒIMDb
하 율리우스 카이사르의 복장을 재현한 장면. 화려한 금속 장식으로 사굼을 고정시켰다. ⓒ히스토리채널

슈퍼히어로의 망토와 로마 군인의 사굼

영화 속 슈퍼히어로들이 입는 망토의 원형은 로마 군인이 입었던 사굼이다. 우리가 어릴 적 보자기를 묶어 '슈퍼맨 망토'라고 부르며 놀던 바로 그 망토 말이다. 로마 군인의 사굼과 슈퍼맨의 망토를 비교해 놓은 아래 사진을 보면 바로 알 수 있다.

사진 속 로마 장군은 간단한 금속 장신구로 망토를 고정했다. '피불라 fibula'라는 것인데 오늘날의 옷핀의 시조 격이다. 텔레비전 시리즈 슈퍼맨(아래 사진 우측)은 이를 잘 고증하여 반영했다.

상 로마 장군의 사굼(좌)과 슈퍼맨의 망토(우) ⓒIMDb
하 로마시대의 피불라 ⓒwww.ancientresource.com

그런데 앞서 언급했던 것처럼 출신이 귀하고 계급이 높을수록 망토를 고정하는 금속 장신구가 크고 화려해진다. 바로 오른쪽 사진처럼 말이다.

로마 최고 사령관의 크고 화려한 금속 장신구를 복장에 반영한 대표적 슈퍼히어로는 토르이다. 카이사르와 토르는 신족, 왕족, 장군이라는 공통점을 갖고 있다.

디씨 코믹스의 마법 영웅 샤잠SHAZAM도 슈퍼히어로 망토를 입고 있다. 그는 고대 신과 영웅들 즉 솔로몬Solomon, 헤라클레스Heracles, 아틀라스Atlas, 제우스Zeus, 아킬레스Achiles, 머큐리Mercury로부터 이름을 따왔고 그들의 능력을 공유한다.

영화에서 샤잠의 능력만큼이나 빛나는 것은 그의 망토이다. 로마 시대 황제의 그것에서 모티프를 가져왔다. 황제의 망토는 팔리움과 사굼이 퓨전된 형태였는데 그 위에 호분을 묻혀 하얗게 빛이 나게 만들었다. 신의 대리인이 입는 하얗게 빛나는 망토. 한마디로 최고 중의 최고만이 입을 수 있는 명품 슈퍼히어로 망토인 셈이다.

로마 최고 사령관 카이사르의 사굼. 좌측은 바티칸 박물관의 흉상, 우측은 히스토리채널의 다큐멘터리 《고대 로마(2009)》중 한 장면

만화와 영화 속 토르의 모습 ⓒaminoapps.com, ⓒIMDb

샤잠의 망토(좌)와 영화 속 로마 황제의 사굼(우) ⓒIMDb

02 | 쥐스토코르

현대 정장의 조상 쥐스토코르

현대 정장의 조상

쥐스토코르justacorps는 '현대 정장의 조상'으로 불린다. 쥐스토코르로부터 프록코트frock coat, 슈트suit가 나왔기 때문이다. 또한 하나의 모드로 된 외투-조끼-바지를 입는 쓰리 피스 정장three piece suit 시스템도 쥐스토코르 발전의 역사에서 비롯되었다.

쥐스토코르의 어원은 '몸에 정확히 맞는(juste + au + corps)'이다. 16세기경 루이 13세가 즐겨 입어 귀족들 사이에 화제가 되었고, 뛰어난 패션 감각을 가지고 있던 루이 14세가 디자인을 더하여 대유행 했다.

17세기 말~18세기 초의 쥐스토코르 ⓒLA카운티미술관홈페이지

화려한 남성 복장의 대명사 더블릿

쥐스토코르 이전에는 귀족 남성용 복장이랄 것이 없었다. 다만 '푸르푸앵pourpoint'이란 옷이 있었다. 푸르푸앵은 '겹쳐 만든 옷'이란 뜻인데 나중에 영어권에서 '더블릿doublet'이라 불렀다.

더블릿은 원래 기사의 갑옷 안에 받쳐 입던 기능성 복장이었다. 맨몸 위에 쇠로 된 갑옷을 입을 순 없었다. 그래서 처음에는 완충과 윤활 작용을 할 수 있는 적당한 옷을 안에 껴입었을 것이다.

기술의 발전과 함께 얇고 몸에 딱 맞는 갑옷이 나오자 안에 껴입는 옷도 달라져야 했다. 얇은 천으로 꼭 맞게 만들면 활동성이 높아지겠지만 그게 전부는 아니었다. 전장에서 상대 기사, 창병들은 집요하게 갑옷의 틈을 노렸기 때문에 생존성을 높이려면 안에 받쳐 입은 옷도 나름의 역할을 해야 했다.

그래서 전체적으로는 딱 맞고 잘 늘어나지만 신체 급소 부위, 갑옷의 틈이 벌어지는 관절 주변은 선택적으로 질긴 소재를 몇 겹 덧대는 방식으로 만든 옷이 나왔다. '겹쳐 만든 옷'의 어원은 여기서 나왔다.

14세기경 푸르푸앵의 재현품과 이를 착용한 모습 ©www.gambeson.pl

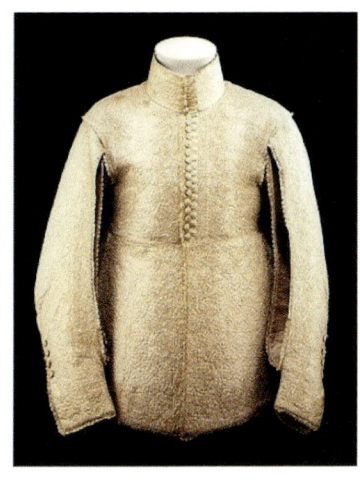

17세기 중반의 더블릿
ⓒ런던빅토리아앤알버트박물관홈페이지

시간이 지나면서 더블릿 제작 기술도 발전했다. 가장 눈에 띄는 것은 몸의 각 치수를 잰 후 입체적으로 재단하는 방식이었다. 생존과 직결되는 것이기 때문에 정교하고 세련된 기술을 필요로 했다. 전반적인 의복 제작 기술이 함께 발전한 것은 당연한 일이었다.

흉갑의 출현과 더블릿의 변화

전신 갑옷은 매우 무겁고 불편했지만 치명상을 피하기 위해선 다른 대안이 없었다. 그러나 갑옷 입은 기사를 상대하는 전술과 기술이 등장하자 전신 갑옷의 유용성은 낮아졌다. 명예 같은 것에 구애받지 않는 용병들은 당시 관점에서 치사한 짓도 마다하지 않았다. 말 위의 기사를 투망 혹은 미늘창으로 잡아 끌어내리거나 말 또는 갑옷 위를 타격용 해머로 때려 낙마시킨 후 갑옷 틈을 찔러 치명상을 입혔다.

전신 갑옷 시대의 막을 완전히 내린 것은 대형 석궁에 이어 등장한 총이었다. 쇳조각으로 온몸을 가려봤자 총 앞에선 소용이 없었다. 그래서 기사, 장교들은 머리, 목, 가슴처럼 중요 부위만 가린 갑옷을 입었다.

이것이 바로 '흉갑cuirass'이다. 전혀 없던 것이 새로 등장한 것은 아니었다. 중세 시대에 재력과 후원자 없는 기사가 이런 형태의 갑옷을 종종 입었다. 흉갑의 별칭이 '빈자의 갑옷'인 연유가 이러하다.

상 18세기경 독일 지역에서 사용되던 흉갑 ⓒ이베이
하 19세기 중반 프랑스 중기병이 입던 흉갑 ⓒ영국국립박물관 홈페이지

흉갑이 등장하자 더블릿도 바뀌어야 했다. 아래 사진을 보자. ①, ② 번의 경우 전신 갑옷 속의 옷은 드러날 일이 없다. 기능만 훌륭하면 되었다. 그러나 ③, ④번처럼 흉갑만 착용할 경우엔 어떠한가. 옷의 일부가 드러난다. 여기에 귀족들은 색과 장식을 더하기 시작했다.

① 야코포 다 폰테Jacopo da Ponte의 1560년 작,《군 지휘관의 초상》ⓒrobilantvoena.com
② 반 다이크Anthony van Dyck의 1627년 작,《암브로지오 스피놀라 후작의 초상》ⓒ스코틀랜드국립미술관홈페이지
③ 윌리엄 돕슨William Dobson의 1640년 작(추정),《제이콥 애슬리 경의 초상》ⓒmutualart.com
④ 테오도르 제리코Théodore Géricault의 1814년작,《총기병의 초상》ⓒ루브르박물관홈페이지

당대의 출전出戰이라는 것은 일정한 규모 이상의 부대를 입히고 먹일 재력이 있는 귀족들의 경쟁이었다. 돈이 넘친들 전장에 직접 나가지 않으면 용맹을 인정받지 못했다. 따라서 더블릿의 착용은 부와 명예를 동시에 거머쥔 자의 훈장 같은 것이었다.

출전 경험이 있는 귀족은 화려하기 이를 데 없는 더블릿을 입고 예식이나 사교 모임에 나갔다. 그 속에서 전장의 무훈을 뽐내는 것은 귀족의 일생일대 염원이었다.

상 1580년경 서유럽에서 만들어진 더블릿(좌) 1620년경의 프랑스 더블릿(우) ⓒ메트로폴리탄박물관홈페이지
하 1650년경의 영국 더블릿 ⓒ메트로폴리탄박물관홈페이지

17세기 더블릿의 재현품 ⓒosfcostumerentals.org

더블릿에서 쥐스토코르로

화려한 귀족 패션의 대명사 더블릿은 '패션왕' 루이 14세 치세 기간에 정점이자 종점을 찍었다. 루이 14세는 패션을 권력의 도구로 활용하고자 했다. 그는 '모든 복장은 목적과 장소에 부합해야 한다'고 강조하면서 복제를 정비, 강화했다. 귀족들은 왕실이 정한 바에 따라 지정된 복장을 입고 나타나야 했다.

이런 관점에서 보자면 더블릿은 흉갑 안에 입는 것이었고 그렇다면 이를 궁정에 입고 들어오는 것은 격식에 맞지 않았다. 그래서 루이 14세는 왕실 주재 행사에 더블릿을 입고 오는 것을 금지했다.

더블릿의 대안으로 루이 14세가 내놓은 것이 쥐스토코르이다. 그는 샘플을 만들어 입고 다녔고 나무 인형 위에 입혀 전시했으며, 귀족들을

상 클로드 르페브르Claude Lefevbre의 1670년 작, 《루이 14세의 초상》. 흉갑 안에 더블릿을 입은 모습이다. ⓒwww.pop.culture.gouv.fr
하 금색과 은색의 수실, 길게 늘어뜨린 리본, 여러 겹 레이스로 화려함의 극치를 보이는 더블릿. 17세기 중후반의 것으로 추정 ⓒwww.baroque.it

왕궁에 초대하여 옷을 만들고 관리하며 입는 과정을 공개했다. 그리고 쥐스토코르를 입고 나오도록 종용했다.

　루이 14세는 옷에 매력을 더하여 귀족들이 스스로 입고 싶게끔 만들었다. 우선 푸른색 실크에 금사와 은사로 장식된, 무릎까지 내려오는 외투를 샘플로 제시하여 화려함으로 귀족들을 매료시켰다. 여기에 명예와 희귀성을 더했다. 그는 측근 50명만 푸른색 쥐스토코르를 입을 수 있다고 선언했다.

18세기 쥐스토코르를 잘 묘사한 장 랑크Jean Ranc의 1724년 작,《스페인왕 카를로스 3세의 초상》
ⓒ스페인프라도미술관홈페이지

흥미롭게도 루이 14세는 '푸른색 쥐스토코르를 입을 수 있는 50인 명단'을 주기적으로 바꿨다. 교체의 기준은 무엇이었을까? '공식 및 비공식 행사 참가', '왕과 함께 사냥' 등 이른바 '충성 실적'이었다.

루이 14세의 패션은 대내적으로 프랑스 왕실과 귀족의 계서를 확고히 하는 저울 역할을 했다. 대외적으로는 유럽 왕가의 정통성의 상징, 따라 하고 싶은 매력의 원천이 되었다. 그리하여 쥐스토코르는 당대 유럽 귀족의 표준 외투가 되었다.

쥐스토코르의 특성과 변화

쥐스토코르의 특징은 칼라가 없고 길이가 허벅지까지 내려오는 것이었다. 전면에는 한 줄로 단추가 달려 있었는데, 통상 목 부위의 단추만 잠그고 나머지는 그대로 두어 앞섶이 역 브이(V)자 형으로 열리게 해놓고 다녔다.

아랫단에는 고래 뼈를 넣었는데 이렇게 하면 형태도 유지되고 무게가 있으니 옷이 아래로 쭉쭉 떨어지는 효과도 있었다. 앞섶 하단에는 장식용의 큰 주머니가 달려 있었다. 위 사진으로 알 수 있듯이 너무 아래쪽에 있어 손이 닿지 않았다. 소매는 팔꿈치 근처까지 길게 뒤집어 장식과 핀으로 고정시킨 후 레이스를 달고 자수로 꾸몄다.

유행의 물결을 타고 쥐스토코르는 궁정 밖으로 나가 18세기 남성 외출복으로 자리 잡았다. 그러면서 디자인도 조금씩 바뀌었다.

레이스와 자수는 야외 활동에 거추장스러운 혹이니 곧 없어졌다. 멋을 위해 길게 뒤집은 소매도 사라졌고 주머니는 손이 닿는 위치로 올라왔다. 전체적인 길이는 무릎 부근까지 내려와 더 길어졌으며 뒷도련에는 활동성을 높이기 위한 주름이 들어갔다. 앞섶 전체에 일렬로 달았던 장식용 단추는 목에서 허리 부근까지로 줄였다.

좌 18세기 중반의 쥐스토코르 ⓒ메트로폴리탄박물관홈페이지
우 18세기 중후반 스위스 지방의 쥐스토코르 ⓒ메트로폴리탄박물관홈페이지

쥐스토코르의 특징을 잘 살려 그린 삽화들 ⓒbritishmuseum.org

쥐스토코르의 디자인 변화
ⓒbritishmuseum.org

제식 군복이 된 쥐스토코르

18세기 중반이 되자 쥐스토코르의 디자인은 화려하고 풍성한 것에서 단순하고 직선적인 것으로 바뀐다. 디자인 변모의 원인은 군대였다. 당대 전선에 지휘관으로 나간 귀족 중 일부가 쥐스토코르를 개조하여 입었는데 실용적이고 보기에도 좋았다. 이것이 점차 널리 퍼졌고 나중엔 장교용 제식 복장이 되었다.

1755년에는 프랑스 보병에 쥐스토코르가 지급되었다. 색은 옅은 회색으로 했고 전체적으로 장식과 주름을 빼고 길이는 무릎 위까지만 오게 줄였다. 뒷도련은 둘로 갈라지게 마무리했는데 활동성을 높이기 위한 것이었다.

① 1758년 프랑스 랑그도크Languedoc 연대 장교의 복장 ⓒ캐나다전쟁박물관홈페이지
② 1750년대의 프랑스군 복장. 신병(좌측)을 교육하고 있는 부사관(우측)의 모습이다. ⓒ캐나다전쟁박물관홈페이지
③ '7년 전쟁(1754~1763)' 당시 프랑스군과 캐나다군 보병의 모습. 입고 있는 것이 제복으로 지급한 쥐스토코르이다. ⓒ캐나다전쟁박물관홈페이지

영국으로 건너간 쥐스토코르

한편 17세기 말 영국으로 건너간 쥐스토코르는 본고장인 프랑스에서와는 다른 변용을 겪었다. '잉글랜드 내전(청교도 혁명, 1642~1651)'을 피해 프랑스에 있다가 1666년 복귀한 영국 왕 찰스 2세의 선결 과제는 왕권 강화였다. 그는 루이 14세가 했던 것처럼 패션을 이용하여 귀족을 통제하고자 했다.

1)화려한 원색에서 중후한 검은 색 계열로

그러나 당시 영국 귀족은 프랑스 귀족처럼 값비싼 복장을 감당할만한 부가 없었다. 또한 영국에 남아있는 청교도적 전통을 어느 정도는 존중해야 했다. 이에 찰스 2세는 쥐스토코르를 영국식으로 해석한 복장을 내놓았다.

화려한 원색 원단에 금은실 자수를 놓은 것이 프랑스식이었다면, 영국식은 엄숙한 검은색 원단에 선명하게 대비되는 백색 장식을 더한 것이었다. 그는 프랑스에 망명해 있을 때부터 검은색과 흰색이 대비된 깔끔한 디자인의 복장을 즐겼다.

이에로니무스 얀센Hieronymus Janssens의 1660년 작(추정), 《궁정에서 춤추는 찰스 2세》. 찰스 2세가 입은 것은 흑백의 더블릿이다. ⓒ런던로얄컬렉션홈페이지

2) 쓰리 피스 정장의 등장

찰스 2세는 왕궁에 등정할 때 슈미즈 드레스chemise dress 위에 상의 조끼vest 혹은 waistcoat를 입고 다시 그 위에 코트를 입고 오도록 지침을 내리면서, 루이 14세가 그랬던 것처럼 각 복장의 기준을 제시했다.

여기에 더하여 찰스 2세는 바지, 조끼, 외투를 하나의 통일된 디자인으로 맞춰 입도록 했는데 외투는 쥐스토코르를 영국식으로 개량한 것으로 정했다. 그리고 이것이 바로 오늘날 우리가 흔히 말하는 '쓰리 피스 정장three piece suit'의 기원이다.

토마스 휴워트Thomas Hewart 등의 1676년 연작, 《찰스 2세에게 파인애플을 바치는 궁정 정원사》ⓒ런던로알컬렉션홈페이지
우측이 18세기 영국식 쓰리 피스 정장의 전형이다. ⓒfiveminutehistory.com

03 | 레이스와 브레이드

화려한 레이스가 달린 제복

군인과 레이스가 어울려?

"군인의 제복에 '레이스lace'가 달려 있다니 무슨 소리?" 하고 생각할 사람이 많을 것이다. 그러나 다음의 사진을 본다면 곧바로 '아, 맞다. 저게 있었구나' 하고 수긍할 것이다.

다음 초상화에서 금색 혹은 은색으로 빛나는 장식이 바로 레이스다. 전쟁터에서 입는 옷에 화려한 금색 레이스라니 잘 이해가 가지 않지만 근대 이전 서구 군대의 제복이 대개 저러했다.

18세기 말 19세기 초 영국군 장교들의 일반적 복장. 좌측은 제3기병연대, 우측은 제4기병연대 ⓒmutualart.com

원래는 군악대에게만 허용되었던 레이스 장식

　원래 제복에 레이스를 달 수 있는 것은 군악대에 한해서였다. 당시 군악대는 진군 대열의 선봉에 서는 부대의 상징이었고, 교전이 벌어지면 드럼과 나팔로 신호를 보내는 통신 수단이었다. 따라서 이들을 일반 전투부대와 구분하기 위해 레이스 장식을 허용했던 것이다.
　시간이 지나면서 군악대의 레이스 장식은 점점 다채로워졌다. 레이스 띠는 넓어졌고 그 안에 독특한 문양을 넣었으며 색은 가장 화려한 금색을 썼다.
　오른쪽 그림과 사진은 영국군 군악대이다. 100여 년의 시간이 지났지만 크게 달라지지 않았다. 긴 봉을 들고 있는 이는 군악대장이다. 군악대

상 J 퍼거슨의 1866년 작, 《군악대 드러머》. 중앙에 있는 인물이 큰북을 들고 있는 군악대장이다. ⓒbritishempire.co.uk
하 영국군 군악대의 모습. 1915년 제1근위보병연대 (좌), 2018년 육군생도단 (우) ⓒbritishempire.co.uk

장의 레이스 장식을 확대한 것이 아래 왼쪽 사진이다. 자세히 보면 레이스에 특정한 패턴이 있는 것을 알 수 있다. 이는 제1근위보병연대 군악대장을 상징하는 패턴이다.

아래 오른쪽 사진은 군악대장의 레이스 패턴을 더 확대한 것이다. 중앙에 두 줄의 가로선이 있고 중간중간 사선의 꾸밈 모양이 있다. 이를 '바이어스 앤 스탠드 패턴bias and stand pattern 레이스'라고 부른다.

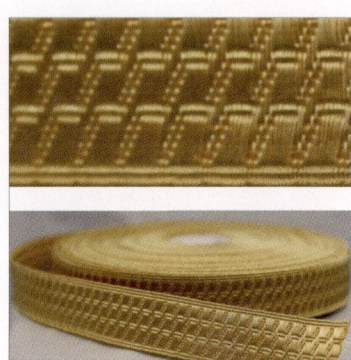

좌 군악대장의 레이스 장식을 확대한 모습 ©militaryheritage.com
우 군악대장의 레이스 패턴 (상). 요즘은 군용품 판매매장에서 롤 단위로 팔기도 한다. (하)
©militaryheritage.com

레이스 장식의 확산

처음에는 일부 멋 내기 좋아하는 장교들이 군악대장의 레이스 장식을 따라 자신의 제복을 꾸몄을 것이다. 그러다가 18세기 중반에는 이것이 어느 정도 일반화되어 대다수 장교가 제복 단춧구멍에 레이스 장식buttonhole lace을 했다.

1814년 영국군 장교의 단춧구멍 레이스 장식
ⓒmilitaryheritage.com

이후 계급장, 목 칼라 주변, 소매, 바짓단 등을 잔뜩 화려하게 꾸미는 것이 유행했다. 19세기에는 이것이 아예 복제 규정에 명문화되었다. 영국군 제1근위보병연대의 경우, 바이어스 앤 스탠드 패턴을 그대로 쓰되 장교는 군악대장보다 가로선을 한 줄 더 넣어 세 줄 레이스로 제복을 꾸몄다.

장교용 레이스는 금을 입힌 철사를 직조하여 만들었다. (우) 1791년 영국 해군 로드니 제독의 초상화. 제복의 레이스 패턴이 세 줄임을 알 수 있다.(좌) ⓒmilitaryheritage.com

근위대에 근무하는 부사관, 병사 혹은 제식행사에 참가하는 생도용 레이스 패턴은 한 줄 가로선이었다.

한 줄의 가로선이 있는 부사관, 병사, 생도용 레이스 ⓒmilitaryheritage.com

그렇다면 근위대 이외의 다른 군, 병과는 어떤 모양의 레이스로 제복을 꾸몄을까. 특징적인 것만 몇 가지 뽑아 정리하면 아래 표와 같다.

구분	부대	특징
	육군	한 줄 벨럼 vellum 처리
	육군 해군*	두 줄 벨럼 처리
	포병	세 줄의 지그재그 패턴

* 19세기까지만 해도 육군 장교를 선발하여 해군 지휘관으로 삼았었다.

미 육군 병과별 레이스, '브레이드'

화려한 금장 레이스는 지금도 세계 각국 제복에 사용되고 있다. 예전처럼 모든 부위에 금사로 만든 호사로운 레이스를 쓰진 않지만 말이다.

18세기 미 육군은 영국에서 시작된 레이스를 받아들이면서, 이를 '브레이드braid'라 불렀다. 브레이드는 '엮거나 꼰 평평한 끈'을 의미하는데, 내구성 증대를 위해 의류의 단에 달던 것에 장식성이 더해지면서 패션의 한 요소가 되었다.

극단적으로 대조되는 컬러를 브레이드로 매칭시킨 샤넬의 시그니처 슈트 ⓒ샤넬

전통적인 레이스가 줄 개수와 패턴으로 병과를 구분했다면 오늘날 미 육군 브레이드는 그 안에 들어간 컬러로 병과를 구분한다. 미 육군 병과별 브레이드는 아래와 같다.

구분	병과	컬러
	보병	하늘색
	포병	다홍색
	공병	다홍색
	기갑	황색
	통신	주황색
	정보	밝은 청색(오리엔탈 블루)
	군수	적색
	화학	암청색(코발트 블루)
	사이버전	회색
	항공	청색
	헌병	녹색
	부관	진한 청색
	군종	흑색

미 육군 병과별 브레이드 구분

실제 브레이드 부착 사례

자, 그렇다면 아래 사진 한 장으로 우리가 얼마나 많은 것을 알 수 있는지 확인해보자.

정모, 계급장, 소맷단에 부착된 브레이드를 보자. 사진 속 세 인물의 계급은 소위이다. 어깨에 살짝 보이는 계급장도 그렇고 좌측 가슴에 약장이 하나도 없는 것으로 보아 갓 임관한 소위들이다. 이들의 병과는 좌로부터 군수(적색), 정보(밝은 청색), 화학(암청색)이다. 브레이드의 색과 칼라에 달린 병과 상징을 조합해보면 알 수 있다.

흥미로운 것은 가장 우측 장교의 복장이다. 자세히 보면 정모의 브레이드는 밝은 청색, 소매의 것은 암청색이다. 가운데 있는 동기의 정모를 장난스럽게 뺏어 쓰고 찍은 것으로 보인다.

미 육군의 브레이드 부착 용례와 유래를 추적하다보면 미군의 역사를 잘 알 수 있다. 미 육군에서 가장 오랜 역사를 자랑하는 보병, 포병, 기병의 사례를 살펴보도록 하자.

임관 축하 미식축구 대회에 참석한 세 명의 미 육군 소위들 ⓒ미육군

보병의 하늘색 브레이드와 미 육군 의장대

보병 장교의 제복 착용 예시. 정모, 계급장, 소맷단에 하늘색의 브레이드로 장식을 했다. ⓒuniforms-4u.com

아래 두 사진은 미 육군 의장대의 것이다. 의장대장과 예하 지휘자는 유격과정을 포함한 '지상전 임무수행 기본 과정'을 수료한 보병 장교 중에서 선발한다. 그렇기 때문에 예식, 제식 행사 선두의 장교는 항상 하늘색 브레이드를 한 보병인 것이다.

미 육군 의장대의 모습. 지휘자의 하늘색 브레이드가 눈에 띈다. ⓒ미육군

미 육군 의장대장 역시 보병 중에서 선발한다. 2012년 시진핑 펜타곤 방문시 사진이다. ⓒ미국방부

미 육군의 역사 속에서도 변하지 않은 포병의 다홍색 브레이드

19세기 미 육군 포병을 상징하는 컬러가 다홍색으로 정해진 이래, 포병 제복 하의에는 두 줄의 브레이드가 들어갔다. 그런데 바지 봉재선 위의 다홍색이 너무나 두드러졌다. 사람들은 포병을 '붉은 다리red leg'라고 놀리기 시작했다.

남북전쟁(1861~1865), 미국-스페인 전쟁(1898)에서 포병은 '전쟁의 왕 battle of king'이란 칭송을 받았다. 전선의 장병에게 포병 화력지원은 가장 든든한 우군이었기 때문이다. 별명이었던 '붉은 다리'는 애칭이 되었다.

시대별 미 육군 포병 제복은 다채롭게 변화했지만 다홍색 브레이드만은 아직도 그대로이다. 다음 장 하단부 삽화는 1850년경 미 포병 장교의 모습을 묘사한 것이다. 정모의 깃털 장식과 허리띠 술이 다홍색이다.

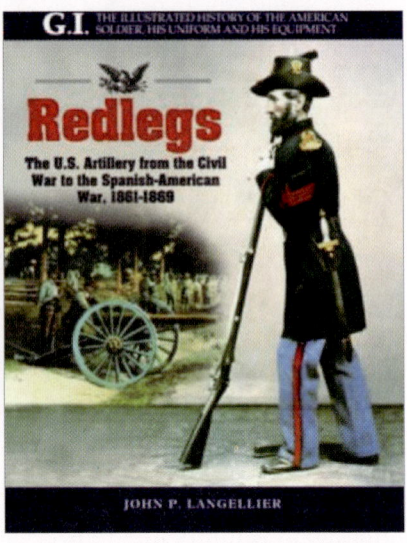

상 19세기 미 육군 포병을 그린 삽화. 왜 '붉은 다리'라고 불렀는지 바로 알 수 있다. ⓒwearethemighty.com

하 한 기록화에 등장한 19세기 중반 미 포병 장교의 모습 ⓒwashingtonartillery.com

좌 1870년대 포병 장교 정모의 다홍색 깃털 장식. 자세히 보면 깃털의 일부에만 다홍 염색을 했다. ⓒwashingtonartillery.com
우 포병 장교의 다홍색 허리띠 술. 남북전쟁기 북군 장교의 것이다. ⓒwashingtonartillery.com

레이스와 브레이드

아래 사진은 1860년을 전후하여 촬영된 희귀본으로 은 건판 사진에 수작업으로 컬러를 입힌 것이다. 사진 속 인물은 워싱턴 포병연대 장교들이다. 정모, 칼라, 소매가 다홍색으로 되어 있다.

상
1860년경 촬영한 포병 장교들의 사진 ⓒwashingtonartillery.com
하
포병 장교들이 썼던 다홍색 모자
ⓒ남북전쟁기념관

20세기 초부터 제1차 세계대전기까지 미 육군은 제복에서 각종 장식, 컬러를 제거했다. 그리고 실용적인 카키색 군복을 보급했다. 이 시기엔 아래 사진과 같이 포병을 상징하는 다홍색을 최소화거나 아예 뺐다.

1912년경 포병 장교의 복장(좌), 1920년대 포병 병사의 복장(우) ⓒwashingtonartillery.com

제2차 세계대전기 미 육군은 복제 규정을 대폭 개정했고, 병과별 브레이드도 다시 부활했다. 포병은 한동안 정모, 계급장, 소맷단, 바지 재봉선에 다홍색 브레이드를 부착하다가, 2000년대 초반 복제 규정 개정 후부터는 정모, 계급장, 소맷단에만 브레이드를 부착하고 있다. 바지 재봉선 브레이드는 금색인데 포병뿐 아니라 육군의 모든 병과 공통이다.

상 제2차 세계대전기 미 육군 포병 장교 정복 복제 기준 ⓒdeviantart.com
하 현재 포병 장교의 정복(맨 좌측). 계급장과 소매의 다홍색 브레이드를 확인할 수 있다. ⓒvaguard.dod-live.mil

기갑의 황색 브레이드와 '카우보이 모자'

아래 사진의 인물이 기갑 병과의 장교라는 것은 쉽게 알 수 있다. 소매의 황색 브레이드를 보지 않아도 배경의 전차, 머리에 쓰고 있는 '스테트슨stetson'으로 충분하다.

스테트슨은 우리가 일명 '카우보이 모자'라고 하는 바로 그것이다. 기갑 병과는 말을 타고 싸우던 기병cavalry의 맥을 이었기 때문에 전통대로 정복에 스테트슨을 쓰는 것이다.

상 기갑 군사교육반 과정을 수료한 기갑 병과 소위들. 소매의 황색 브레이드가 선명하다. ⓒpart-time-commander.com
하 미 육군참모차장을 역임했던 피터 치아렐리Peter W. Chiarelli 장군. 기갑 출신으로 스테트슨을 쓰고 있다. ⓒ미육군

육군항공 조종사가 청색이 아닌 다홍색 브레이드를 부착한 이유는?

흥미로운 것은 육군항공 병과 역시 스테트슨을 쓴다는 점이다. 육군항공도 기병의 전통을 이었기 때문이다.

아래 사진 속 가운데 인물은 베트남전의 전설 브루스 크랜달Bruce Crandall 예비역 대령이다. 베트남전에서 UH-1H를 조종한 조종사이면서 미 명예훈장 수훈자이다. 좌우에 있는 이들도 육군항공 병과로, 스테트슨을 쓰고 있다.

스테트슨을 쓰고 있는 이들은 미 제1기병사단 예하 제1항공여단 소속이다. 좌로부터 주임원사, 브루스 크랜달 예비역 대령, 여단장 ⓒ미육군

아래 사진은 흥미로운 포인트가 하나 더 있다. 2016년 브루스 크랜달의 명예훈장 수여식이다. 복장을 살펴보면 브루스 크랜달은 기병을 상징하는 스테트슨을 쓰고 육군항공 조종사 휘장을 달고 있다. 그런데 계급장에 있는 브레이드를 자세히 보면 다홍색이다. 육군항공 병과의 브레이드는 청색인데 말이다.

브루스 크랜달은 원래 공병 장교로 임관했다가 항공 병과로 전과했다. 그래서 정복 칼라에 달린 병과 마크도 공병의 것이다. 참고로, 공병의 브레이드는 포병과 같은 다홍색이다. 포병으로부터 공병이 분리되어 나왔기 때문에 같은 상징색을 사용하는 것이다.

대통령으로부터 명예 훈장을 수여 받는 브루스 크랜달 ⓒdenverpost.com

04 샤포

미 육군 일반명령 제102호(1861년 11월 25일자)에 등장하는 모자, 샤포

미 육군 일반명령에 뜬금없는 프랑스 모자

1861년 미 육군(남군)은 일반명령 제102호를 발령했는데 그중에는 다음과 같은 복제 관련 부분 개정령이 포함되어 있었다.

- 현역 장교의 경우 기병, 포병, 보병은 밝은 청색 오버코트를 착용한다.
- 군종 병과는 흑색 프록코트를 입으며 단추는 흑색, 한 줄, 아홉 개로 한다. 사제복을 안에 입을 수 있으며 바지는 흑색 판탈롱으로 하고 흑색 펠트 햇 혹은 포리지 캡forage cap을 쓴다. 전체적으로는 장식이 없어야 한다.
- 행사에 참석할 경우 샤포 드 브라chapeau de bras를 쓸 수 있다.

포리지 캡은 우리가 익히 잘 알고 있는 모자이다. 위 사진은 남북전쟁기 북군이 썼던 M1858 포리지 캡
ⓒima-usa.com

앞의 개정령에서 눈에 들어오는 부분은 맨 마지막 줄이다. 프랑스어인 것은 짐작이 가는데 저 '샤포 드 브라'란 것은 도대체 무엇일까. 그리고 왜 일반명령에 '쓰라 / 말라' 명료하게 기술하지 않고 '행사에 참석할 경우, 쓸 수 있다'고 애매하게 적어놓았을까.

비싼, 너무나도 비싼

일반적으로 군대 복제 규정을 보면 제복은 예복, 만찬복, 정복, 전투복, 특수복, 외투, 우의, 보조의로 나뉜다. 이 중 예복은 격식을 갖춘 화려한 복식으로 주로 장군들에게만 지급되며 국가를 대표해서 해외에 나가는 무관, 사절단은 임시로 예복을 착용할 수 있다.

1800년대 중반 당시 '샤포 드 브라(줄여서 샤포)'는 예복의 일부였다. 장군이 아니어도 입을 수는 있었지만 그러려면 개별적으로 주문제작하여 사서 입어야 했다. 예복을 갖춰 입을 만한 행사가 자주 있는 것도 아니

상 남북전쟁기 뉴욕주 민병대 장교가 썼던 샤포 ⓒ뉴욕주방위군홈페이지
중 1940년대 미군 장군이 사용했던 것으로 추정되는 샤포 ⓒ이베이
하 샤포는 평소 관리와 보관에도 매우 신경을 써야하는 사치품이었다. 사진은 샤포 보관용 가죽 케이스
ⓒhistorical.ha.com

었기에 비싼 돈 주고 예복 맞춰 입는 장교는 많지 않았다. 격식 있는 행사, 파티 등이 있으면 예복을 빌려 입고 나갔다.

샤포는 왜 인기 있었을까

비싸고 흔치 않았지만 장교들은 다들 샤포를 구해 쓰고 행사, 파티, 만찬 등에 참석했다. 샤포가 인기 높았던 이유는 세 가지이다.

첫째, 쓸 것으로서의 기능보다 한쪽 손에 들고 옆구리에 끼고 다니는 장식적 의미가 강했기 때문이다. 한 마디로 예식 등에 샤포를 가지고 나가면 폼이 났다.

둘째, 손에 무언가를 들고 있으면 덜 어색했기 때문이다. 전장에 익숙한 군인은 아무래도 격식 갖춘 파티나 만찬이 낯설다. 이런 상황에서 신경 쓰이는 것 중 하나는 손을 어디에 두어야 할지 모른다는 것이다. 팔짱도 뒷짐도 이상하고 주머니에 손을 넣을 수도 없다(예복 바지에는 아예 주머니가 없다). 이럴 때 손에 샤포를 들고 있으면 자리가 덜 어색했을 것이다. 말하자면 여성의 파티 클러치 백과 같은 역할을 한 것이다.

셋째, 샤포를 들고 '관심과 존경을 받고 싶었기 때문'이다. 프랑스어 '샤포 (드 브라)'를 그대로 쓴 것에서 알 수 있듯이 미군은 프랑스군에 큰 영향을 받았다(다른 국가 군대도 마찬가지였다). 당대 프랑스에서 군인은 존경과 애정의 대상이었다.

다음 삽화는 매우 흥미로운 장면을 담고 있다. 중앙의 남성은 손에 초기 형태의 샤포를 들고 있다. 군인(또는 시민 혁명군)이란 뜻이다. 그는 여성들에 둘러싸여 관심을 받고 있다. 군복을 입지 않았지만 손에 든 샤포를 보고 알아봤을 것이다. 외면 받아 혼자 서있는 왼편 남성과 대조된다.

당시 미군 장교들은 관심과 존경의 대상이 아니었다. 어느 쪽에 가까

18세기 프랑스의 파티를 그린 삽화. 가운데 있는 남성은 한 손에 초기 형태의 샤포를 들고 있다. ⓒ위키미디어커먼스

운가 하면 오히려 그 반대였다. 우리 상식과 달리 20세기 초까지 미국은 군사력 사용과 해외 원정을 부정적으로 바라보는 반 군사적 전통을 유지했다.

따라서 분명 어떤 미군 장교는 화려한 샤포를 한쪽 겨드랑이에 우아하게 끼고 파티나 만찬의 영웅으로 대접받는 프랑스군 장교의 모습을 자신의 롤 모델로 삼았을 것이다. 프랑스군 장교들이 예식 등에 쓰고 들고 다니던 샤포가 미군에 들어온 연유가 이러하다.

헷갈리지만 엄연히 다른 3각모, 샤포, 2각모

1) 3각모, 샤포, 2각모

18세기 프랑스군(상단)과 시민 혁명군(하단). 화려하게 장식된 다양한 모자를 쓰고 있다. ⓒ위키미디어커먼스

샤포는 프랑스 혁명기에 유행한 3각모tricorn hat에서 온 것이다. 3각모의 한쪽 귀퉁이를 없애 실용을 더한 대신 장식이 늘었다. 장식은 금술을 비롯한 비싸고 화려한 것으로 했다. 여기에서 장식마저 빼면 2각모bicorn hat가 된다. 우리에게 익숙한 나폴레옹 모자가 2각모이다.

샤포와 2각모의 기본 형태는 같다. 챙 넓은 모자를 반으로 접어 누른 것이다. 실제 유래도 신사용 챙 넓은 모자를 젊은이들이 반으로 접어 쓰고 들고 다닌 데서 시작되었다.

샤포는 앞뒤로 길게 썼다. 이를 '포어 앤드 애프트 스타일fore and aft style'이라고 했는데 직역하면 '이물과 고물 스타일' 우리말로 바꾸면 '범선 착용법' 정도 된다(이물은 배의 선두, 고물은 배의 후미). 이와 달리 2각모는 좌우로 넓게 썼다(사이드 투 사이드 스타일side-to-side style).

처음엔 챙 넓은 모자를 접은 듯한 디자인의 모든 것을 샤포라고 불렀다. 그러나 시간이 지나면서 3각모, 샤포, 2각모가 구분되었다. ⓒ위키미디어커먼스

아래 사진 ① 속 미 육군 나다니엘 뱅크스Nathaniel Banks 장군은 샤포를 썼다. 쓴 모습을 보면 앞뒤로 길게 썼다. 그림 ② 속 나폴레옹 장군은 2각모를 좌우로 넓게 썼다.

① 예복을 입은 미 육군 나다니엘 뱅크스 장군의 모습(1800년대 중반). 샤포는 오른쪽 사진에서처럼 앞뒤로 길게 썼다. ⓒ위키미디어커먼스
② 어네스트 크로프트 1888년 작,《나폴레옹 보나파르트》ⓒ위키미디어커먼스

2) 패션의 유행과 군대 복제

3각모, 샤포, 2각모는 군대와 민간을 오가며 크게 유행했다. 3각모의 원형인 챙 넓은 모자는 민간에서 귀족들이 쓰던 것이었다. 챙 넓은 모자가 햇빛과 비를 막아주어 유용하니 귀족 출신 육군 장교들이 이를 쓰고 병영에 나타났다.

그런데 이리저리 움직이자니 넓은 챙이 여간 불편한 것이 아니었다. 그래서 일부 장교들이 챙을 접어 쓰고 다니기 시작했다. 이것이 3각모의 유래이다. 3각모 형태로 접으니 눈에 햇빛이 들어오는 것도 막을 수 있었고 비가 오면 빗물이 한데 모여 바깥쪽으로 빠져나갔다. 그러나 대부분의 귀족 출신 장교들은 모자를 접어 쓰는 행위가 탐탁하지 않았을 것이다. 예의에 어긋난 부잡스러운 행동으로 치부되었을 가능성이 높다. 그래서일까. 3각모가 널리 퍼진 곳은 육군이 아니라 해군이었다.

18세기 프랑스 해군과 선원들은 3각모의 유용성을 대번에 알아차렸다. 햇빛이 직격하고 동시에 바닷물이 머리 위로 쏟아지는 갑판 환경에서 쓰기에 안성맞춤이었기 때문이다. 거친 바다에서 예의 같은 건 목숨 다음이었다.

18, 19세기 유럽은 온통 전쟁이었다. 승전하여 개선 행진하는 장교들이 쓴 군용 3각모는 민간으로 역수입되어 유행했다. 샤포와 2각모 역시 위와 같은 유행의 윤회를 거쳤다.

우리에게 가장 잘 알려진 3각모는 아마도 영화 《캐러비안의 해적》에 나오는 잭 스패로우의 그것일 것이다. 해적, 해군할 것 없이 대부분 3각모를 쓰고 있다. ⓒIMDb

05 　무스탕

무스탕은 왜 무스탕일까

양털로 만든 재킷 무스탕

무스탕은 양털로 만든 재킷이다. 겉으로는 무두질한 양가죽 안쪽이 드러나고 안감에는 곱슬곱슬한 양털을 그대로 살려 보온력을 높인 것이 특징이다.

그런데 사전을 찾아보면 '무스탕mustang은 콩글리시' 라고 설명하고 있다. 혹은 '이 옷을 무스탕이라고 부르는 것은 한국뿐'이라고도 되어 있다. 그렇다면 왜 한국만 이 옷을 콩글리시인 '무스탕'이라 부르게 되었을까?

스페로네(SPERONE) 리... | 드로우핏(DRAW FIT) 오... | 폴블랙 양털레더 오버무스... | 더블디자인무스탕 | 조고퀄 스웨이드 무스탕
m.store.musinsa.com | m.store.musinsa.com | byslim.com | boxsensei.com | maysome.com

NEW50%] 로이스 오버핏 양털... | 브라운 리얼양털 남자 무스... | 무스탕은 어른이라고? 누구나 친근하게 다... | 드로우핏(DRAW FIT) 오...
madshop.or.kr | m.marcmarc.co.kr | wadiz.kr | m.store.musinsa.com

B3 호주산 프리미엄 양... | 조고퀄 레더 무스탕JK - ... | 남자무스탕 - GS SHOP | 양털 무스탕 (2color)[20... | 무스탕 특가기획전]2018-...
m.leather-raw.com | maysome.com · 재고 있음 | m.gsshop.com | meidiama.com | 206homme.com

2020 Ford Mustang EcoBoost® Premium in Ann Ar... | Ford Mustang Prices, Reviews and New Model... | Ford Mustang Price, Images, Reviews and...
varsityford.com · 재고 있음 | autoblog.com · 재고 있음 | auto.ndtv.com

2020 Ford Mustang - Cincinnati, OH | Kings Fo... | 2020 Ford® Mustang Sports Car | More Powerful ... | 포드 2019 뉴 머스탱 (Ford Mustang) - 컨버...
kingsfordinc.com · 재고 있음 | ford.com | ford-korea.com

Ford Mustang R-Spec Arrives As Supercharged Pony Car For Folks ... | 포드 머스탱 GT 2018-2019 3D 모델 - TurboSquid 1215850
motor1.com | turbosquid.com

인터넷 검색창에 '무스탕'(상)과 'mustang'(하)를 써 넣었을 때의 차이 ⓒ구글이미지검색

'무통mouton' → 무스탕

우리 언론 보도에 '무스탕'이 특정 가죽 재킷의 호칭으로 처음 등장한 것은 1987년 1월 10일자 《매일경제》를 통해서이다. 겨울 성수품 투매가 성행한다는 기사 끝에 한 유명 백화점에서 '무스탕 세무점퍼'를 30% 할인한다는 소식을 끼워 넣었다. 같은 해 《경향신문》에서 '양가죽 무스탕 반코트'라고 썼고, 1989년엔 《동아일보》가 '더블페이스(일명 무스탕)'라고 썼다. 모두 백화점 측에서 요청한 일종의 광고이다.

이후 언론은 백화점의 고급 의류 판매, 세일 소식을 전할 때 그 카테고리를 '모피, 무스탕, 세무'로 분류했다. 털이 바깥으로 나온 것은 모피, 털이 안쪽에 있는 것은 무스탕, 털이 없는 것은 세무로 구분하기로 한 것이다. 백화점 측의 요청에 의해 그렇게 나누었을 것이다.

모피毛皮는 한자이고 세무는 털을 모두 제거하고 무두질한 양의 가죽을 뜻하는 프랑스어 '샤무아chamois'에서 온 것이다. 그런데 무스탕은 출처가 어딘지 불분명하다.

추측은 할 수 있다. 세무처럼 프랑스어에서 왔다고 보면, '무통mouton'이 무스탕과 발음과 뜻 모두 유사하다. 무통은 털을 한 번 깎은 후 무두질한 양 가죽을 뜻한다.

그렇다면 왜 무통이 무스탕으로 바뀌었을까? 백화점 판촉 담당자의 아이디어일 것이다. 모피 코트, 세무 재킷은 대중에게 익숙하며 꾸준한 판매고를 올리는 제품군이다. 그러나 안감에 털이 있는 무통 재킷은 생소하다. 우리가 먹는 '무'를 연상시켜 어감이 세련되지 않다고 생각했을지 모른다. '대중적 인지도가 높으면서도 세련되게 느껴지는 대체어가 없을까?' 하고 생각한 끝에 낸 결론, 그것이 '무스탕'이었을 것이다.

승리와 멋의 상징 '무스탕'

무스탕mustang은 원래 북미 서부가 원산지인 야생마이다. 미국에서 무스탕은 종종 서부 개척정신의 상징으로 사용된다. 미국의 북아메리카 항공(NAA)은 1940년 P-51 전투기를 개발하면서 별칭을 무스탕으로 했다.

야생마 무스탕 ⓒ위키미디어커먼스

무스탕 전투기는 6.25전쟁 당시 유엔군의 주력 전투기로 우리에게는 승리의 상징이었다. 무스탕이 뜨면 언론은 1면에 그 활약상을 자세히 전했다. 무스탕이 이륙하고 임무를 수행하며 무사귀환한 소식 대부분이 1면 혹은 2면에 떴다.

P-51의 개량형인 F-51 무스탕 전투기. 상단의 것은 6.25전쟁에 참전한 미 해군 함재기이고, 하단은 한국 공군에 인도된 것들이다. ⓒwarisboring.com

　1960년대 후반부터는 다른 무스탕이 언론에 회자되었다. 1964년 포드사가 내놓은 자동차 무스탕이다. 자동차 엠블럼이 야생마 무스탕인 것은 당연하다. 무스탕은 1969년 당시 최고 스타였던 영화배우 신성일이 타고 다니면서 더욱 유명해졌다. 이후 남성용 화장품을 비롯한 각종 상품에 무스탕이란 제품명이 붙기 시작했다.

상 1964년 선보인 포드사 무스탕의 첫 번째 모델 ⓒ위키미디어커먼스
하 배우 신성일과 그의 무스탕. 경부 고속도로 개통식 날 대통령이 탄 차를 추월했다는 등의 소문이 있었다. ⓒ보배드림

무스탕의 엠블럼 ⓒ위키미디어커먼스

앞서 언급했던 백화점 판촉 담당자는 이러한 무스탕의 상징성과 인지도를 적극 활용하고자 한 것이다.

무통 재킷을 입은 무스탕 전투기 조종사들

그런데 백화점 판촉 담당자도 알고 있었을까? 무통 재킷과 무스탕 사이에는 실질적 연결고리가 있다. 6.25전쟁기에 일부 무스탕 전투기 조종사들은 무통 재킷을 입고 임무를 수행했다.

제2차 세계대전 당시 고고도에서 임무를 수행하는 영국 공군 폭격기 조종사들은 '어빈 조종 재킷Irvin flying jacket'을 지급받았다. 안쪽에 양털이 있는 고급 가죽 재킷으로, 영하 50도까지 내려가는 조종석에서 임무를 수행하기 위해 꼭 필요한 장구류였다.

미국 공군도 곧 같은 재킷을 지급하기 시작했는데 그들은 B-3 폭격기 재킷bomber jacket이라 불렀다. 전시 필요에 의해 제작, 구매하여 보급한 것으로 G-1 해군 조종 재킷, A-2 조종 재킷에 이은 세 번째 모델이었다. 참고로 위 세 모델은 현장에서 사용되긴 했으나 미군 정식 보급품목에 들어가지 않은 시험 모델에 가깝다고 할 수 있다. 어쨌든 이 중 B-3 폭격기 재킷은 조종사들에게 인기가 높았다. 겨울철에 매우 따뜻했고 소재가 고급이며 디자인도 멋있었기 때문이다.

그리고 1950년 6.25전쟁이 발발하고 겨울이 찾아오자 몇몇 무스탕 전투기 조종사들이 B-3 폭격기 재킷을 입고 임무를 수행했다. 따뜻하고 편했기 때문이다. 시간이 지나자 많은 조종사들이 안쪽에 양털이 달린 폭

1939년에 생산된 영국군 어빈 조종 재킷(좌)과 1941년 미군에 보급된 B-3 폭격기 재킷의 재현품(우)
ⓒthe-saleroom.com

격기 재킷을 구해 입고 전장과 주둔지를 누볐다. 이렇게 '무스탕 (전투기 조종사) = 안쪽에 양털 달린 (무통) 재킷'의 공식이 성립한 것이다.

무스탕의 외국 명칭은?

한국의 무스탕은 1990년 겨울 의류 최고의 히트작이었다. 폭발적으로 성장한 패션 업계가 젊은이들을 타깃으로 한 고급 의류 아이템으로 무스탕을 선택했기 때문이다. 백화점에선 쇼윈도 전면에 무스탕을 배치했고 방송에선 트렌디 드라마 주연급 인물들이 무스탕을 입었다. 이렇게 양털 질감이 살아있는 양가죽 재킷의 명칭은 완전히 '무스탕'으로 굳었다.

그런데 영미권에서는 이 옷을 무어라 부를까? 의외로 단순하다. '양털 가죽 재킷lamb fur leather jacket'이다. 양털로 짠 재킷은 '양털 재킷lamb fur jacket', 양 가죽만 가지고 만든 재킷은 '양 가죽 재킷lamb leather jacket 혹은 lambskin leather jacket'이다.

'셜링 재킷shearling jacket'이라고도 하지만 잘 쓰진 않는다. '셜링'은 털을 한 번 깎은 양가죽, 즉 긴 털을 한 번 깎고 나서 털 일부를 바깥쪽에 그냥 남겨둔 채 처리한 양가죽을 뜻한다.

그렇다면 일본에서는 뭐라고 부를까? 흥미롭게도 그 유래를 따라 제대로 된 명칭을 쓰고 있었다. 'B-3 フライトジャケット(후라이또자케-또)' 즉, B-3 조종 재킷이라고 말이다.

06 하운즈투스 체크

하운즈투스 체크와 쉬마그 패턴

사냥개의 이빨을 닮은 체크 패턴, 하운즈투스 체크

하운즈투스 체크houndstooth check는 직역하면 '사냥개 이빨 체크'이다. 체크가 사냥개의 이빨처럼 생겼다고 해서 붙은 이름이다. 아마 '사냥개 이빨과 어디가 비슷하다는 거야?' 하고 생각하는 이들이 많을 것이다. 다음 사진을 보면 이해가 쉽다.

하운즈투스는 1800년대 스코틀랜드 지방에서 만든 울 직물의 독특한 패턴인데, 이렇게 만든 직물을 목동들이 많이 입고 다녔기 때문에 '목동 체크shepherd's check'라 부르기도 했다.

상 개의 이빨과 하운즈투스 체크 무늬의 비교
하 하운즈투스 패턴을 확대한 모습. 이 독특한 패턴은 백색 실과 흑색실을 네 줄씩 교차로 직조할 때 생긴다. ⓒscadconnector.com

디올 패션으로 재탄생한 하운즈투스

패션 디자이너 크리스찬 디올은 1947년 자신의 이름을 건 첫 컬렉션을 선보였는데 그 디자인의 특징은 화려한 궁정풍의 복고였다. 사람들은 이를 '뉴룩new look'이라 불렀다.

다음 해인 1948년 크리스찬 디올은 봄·여름 시즌 오트쿠튀르 발표에 하운즈투스를 넣은 여성용 재킷을 선보였다. 궁정에서 입을 법한 고급스러운 디자인에 스코틀랜드 목동의 하운즈투스를 넣어 강렬한 대비를 이끌어 내려는 시도였을 것이다. 그러나 같이 발표된 오트쿠튀르에 워낙 히트작이 많아, 하운즈투스는 묻혀버렸다.

1948년 크리스찬 디올의 하운즈투스 패션 발표를 재현한 모습 ⓒcyfashionc.com

그러다가 엘리자베스 2세의 대관식 구두를 디자인하기도 했던 로저 비비에르가 1959년 여성용 구두에 하운즈투스를 적용하면서 이 패턴이 일약 대중의 관심을 받게 되었다. 일찍이 크리스찬 디올이 시도했던 것과 마찬가지로 상반된 두 가지 이미지를 충돌시켜 새로운 콘셉트를 창조하려는 시도였는데, 궁정에서 영국 왕족이 신을 법한 디자인 위에, 스코틀랜드 목동이 쓰던 패턴을 입혔으니 큰 파격이었다.

로저 비비에르가 선보인 하운즈투스 구두 ⓒ위키미디어커먼스

하운즈투스는 역사와 스토리를 갖고 있는 패턴이었다. 디자이너는 하운즈투스를 이용하여 고전미를 살리거나 반대로 이미지를 뒤집어 파격미를 추구할 수 있었다.

이러한 특성이 가장 잘 반영된 사례가 재클린 케네디의 하운즈투스 정장이었다. 프랑스의 밥 뷔냥Bob Bugnand이 디자인한 이 옷을 입고 재클린 케네디는 다양한 자리에 모습을 드러냈는데, 언론과 대중은 고전미와

1960년대 초반 하운즈투스 정장을 입고 시민들과 만나고 있는 재클린 케네디(좌), 케네디대통령도서관에 전시되어 있는 재클린 케네디의 정장(우) ⓒ케네디대통령도서관홈페이지

현대미를 동시에 갖춘 젊은 영부인다운 차림새라 극찬했다.

하운즈투스는 프린팅이 아닌 직조 방식으로 패턴을 만드는 것이기 때문에 정장 외투뿐만 아니라 볼륨이 있는 패션 즉, 모자, 장갑, 치마 등에 활용하기 좋다. 따라서 디올뿐만 아니라 샤넬, 이브생로랑, 구찌, 알렉산더 맥퀸 등 유명 디자이너들이 하운즈투스를 자신들의 컬렉션에 사용하기 시작했다.

하운즈투스를 적용한 샤넬의 1958년 컬렉션 ⓒmetmuseum.org

지금도 꾸준히 패션쇼에 등장하고 있는 하운즈투스 ⓒcyfashionc.com

2020년 새로 발표된 크리스찬 디올의 새 컬렉션. 상의와 가방의 하운즈투스가 눈에 띈다. ⓒdior.com

남성 패션으로 확산된 하운즈투스. 하운즈투스를 넣은 알렉산더 맥퀸의 니트 스웨터 ⓒ알렉산더맥퀸 홈페이지

하운즈투스가 흑백의 여성 패션에만 사용되는 것은 아니다. 사진에서처럼 남성 패션에도 다양한 컬러로 응용되고 있다. ⓒhespoke-style.com

시대를 초월한 유행, 하운즈투스

19세기 초 스코틀랜드에서 시작된 하운즈투스 체크는 1950년대 프랑스 파리 패션의 중심에서 재탄생했다. 이후 지금까지도 많은 이들에게 사랑받는 패턴으로 남아 있다.

클래식 혹은 복고로 분류되기도 하지만 매년 '올겨울 유행 패션' 목록에 항상 들어가는 것이 하운즈투스이다. 우측 사진들은 최근 매장 진열대에서 찍은 것이다. 하운즈투스를 요즘 감각에 맞게 다채롭게 활용했다.

하운즈투스를 활용한 다양한 패션 ⓒ직접촬영

2000년대 초반 도심 젊은이의 유행 아이템, 쉬마그

한편 2000년대 초반 뉴욕, 파리, 도쿄 등 패션 중심지의 젊은이들이 독특한 패턴을 즐겨 사용하기 시작했다. 사람들은 처음엔 '하운즈투스 체크가 들어간 스카프인가' 라고 생각했다. 백색과 흑색을 교차로 편조한 패턴이 눈에 확 띄었기 때문이다.

그러나 그것은 하운즈투스가 아니었다. 어떤 관점에서 본다면 하운즈투스의 대극에 위치하는 패션 아이템으로, 그 명칭은 쉬마그shemagh였다.

크리스찬 디올이 프랑스 왕실 복장의 디자인에 스코틀랜드 목동이 사용하던 패턴을 적용하여 이미지를 충돌시켰다면, 클럽에 쉬마그를 착용하고 모습을 드러낸 젊은이들은 '전쟁 vs 평화', '이슬람 문화 vs 팝 문화'와 같은 상징의 충돌을 추구했다.

팔레스타인 무장 투쟁의 상징적 인물인 야세르 아라파트Yasser Arafat가 대유행시킨 백-흑 쉬마그는 '중동(이슬람) 무장 투쟁'의 상징이 되었다. ⓒ알자지라홈페이지

이 충돌은 사회적으로 충격을 불러일으켰다. 9.11테러의 충격이 가시지 않은 뉴욕 한복판에 젊은이들이 이것을 입고 돌아다녔기 때문이다. 《뉴욕타임즈》의 2007년 2월 11일자 기사에는 '패션과 파티에 푹 빠진 이들이 체 게바라 티셔츠 위에 쉬마그를 착용하는 것이 유행'이라고 썼다. 냉전과 중동전을 겪은 기성세대들은 젊은이들이 '적의 상징'을 착용하고 돌아다니는 것을 받아들이기 힘들었을 것이다. 고객의 항의로 미국 대형 온라인쇼핑몰 중 하나는 사과문과 함께 판매품 목록에서 쉬마그를 내리기도 했다.

2000년대 초반 쉬마그를 착용하는 것이 뉴욕 같은 대도시 젊은이 사이에 유행이었다. ⓒmotherjones.com

그러나 젊은이들의 생각은 달랐다. 그들은 '우리가 쉬마그를 애용하는 것은 단지 이쁘고 독특하기 때문이다. 여기에 정치, 역사적 의미를 담는 것은 부적절하다'고 인터뷰에서 밝혔다. 패션 전문가들도 '쉬마그는 동양적 매력, 독특함 때문에 유행하는 것'이라고 했다.

유행은 돌고 도는 것

하운즈투스의 변화 양상을 통해서 우리가 관찰할 수 있는 것은 변화의 고리이다. 스코틀랜드 목동이 걸치고 다니던 방한용 외투의 패턴이 세계 최고 명품의 아이코닉 패턴이 되었다가, 캐주얼한 기성복에도 두루 사용되는 보편적 체크 무늬가 되었다. 이러한 변화는 계속될 것이며 그 변화의 방향이 어디로 흐를지 우리는 알 수 없다. 다만 앞선 것과 그 뒤에 오는 것 정도는 구분할 수 있을 것이다.

쉬마그의 변화도 마찬가지이다. 중동(이슬람) 투쟁의 현장에서 시작된 이 패턴은 서구 사회에 부정적인 이미지로 오랫동안 남아 있었다. 그것도 전쟁, 테러, 폭력, 죽음 같은 인류 공적公敵의 극단적 이미지였다. 그러나 시간이 흘러 쉬마그는 재탄생했다. 자유와 멋을 추구하는 젊은이들은 쉬마그에 평화, 자유, 사랑, 행복의 이미지를 입혔다. 패션 전문가들은 '쉬마그를 패션 아이템으로 활용하는 젊은이들이 50여 년 전 크리스찬 디올이 했던 것과 같은 방식으로 그 이미지를 재탄생시켰다'고 진단했다.

쉬마그를 착용한 젊은이들. 주로 뉴욕의 클럽에서 촬영한 것이다. ⓒFlickr.com by AndrewCoulterEnright

07 | N1 덱 재킷

미 해군 N1 덱 재킷
: 폴 뉴먼이 입은 재킷을 시중에서 살 수 없는 이유

미국 대표 배우 폴 뉴먼의 대표 사진

폴 뉴먼은 1950년대 말론 브란도, 제임스 딘과 함께 미국 청년의 전형을 연기하고 만들었다. 1960년대에는 스티브 맥퀸, 로버트 레드포드와 함께 청년에서 장년으로 넘어가는 미국 남성의 전형을 연기하고 만들었다. 특히 '속은 반항아, 겉은 신사' 라든가 '차가워 보이지만 알고 보면 속은 따뜻한 남자' 역할을 잘 구현했다.

폴 뉴먼의 연기 인생을 가장 잘 표현한 사진으로 흔히 꼽는 것이 우측의 것이다. 2008년 《보그》지의 폴 뉴먼 특집 기사를 통해 공개된 영화 촬영장 비하인드 컷이다.

젊은 시절 뉴욕에서 영화 촬영 중인 폴 뉴먼 ⓒ위키미디어커먼스

위 사진은 폴 뉴먼의 캐릭터를 잡아준, 데뷔작이나 마찬가지인 영화 《상처뿐인 영광(Somebody Up There Likes Me, 1956)》 촬영 당시에 찍은 것이다. 배경은 뉴욕이다. 폴 뉴먼은 젊은 시절 브로드웨이 연극 무대를 통해 데뷔했다. 말년에 폴 뉴먼은 다시 뉴욕 브로드웨이로 돌아와 연극 무대에 섰다.

폴 뉴먼이 입은 재킷의 정체

사진 속 폴 뉴먼이 입고 있는 것은 아마도 자신이 입던 군용 재킷이었을 것이다. 그는 제2차 세계대전기 미 해군 항공대에 복무했다. 그리하여 태평양 전쟁에 승무원으로 참전했다.

그런데 폴 뉴먼의 재킷은, 자신의 정체성에는 맞을지 모르겠지만 그가 연기한 캐릭터 록키 그라찌아노에는 맞지 않는다. 실존 인물로서 록키 그라찌아노는 육군 출신이고 탈영병이었다. 군복을 입었을 리 없고 설사 입었다 해도 해군 재킷을 입진 않았을 것이다.

폴 뉴먼이 입고 있는 재킷은 'N1 덱 재킷deck jacket'인데 2008년부터 겨울 남성 패션 아이템으로 크게 유행했다. 빈티지룩, 밀리터리룩을 다룬 방송, 기사에 자주 등장했다. 짐작하듯이 《보그》지에 실린 폴 뉴먼의 사진 영향이 컸다.

미 해군 N1 덱 재킷

N1 덱 재킷은 해군의 전통적 외투인 피코트pea coat의 대체품으로 1943년 개발되었다. 새로 개발된 방수 면직물(Bedford cord 혹은 jungle cloth라 부른다)을 사용했으며 보온을 위해 안감에는 알파카 털을 사용했다. 선상에서 입는 옷답게 디자인은 최대한 단순하게 했다.

최초 개발 시에는 피코트처럼 허벅지 위까지 내려오는 길이에 전면에는 보온용 머프 포켓muff pocket과 일반 포켓이 있었고 색은 짙은 청색으로 했다(우측 사진 참조). 이후 개량을 통해 디자인은 허리까지 오는 재킷으로 컬러는 카키색으로 바뀌었다.

제2차 세계대전 당시 N1 덱 재킷의 초기형을 입고 있는 해군 수병(상)과 네이비 실 대원(하) ⓒstandardandstrange.com

N1 덱 재킷

1944년형 개량 N1
덱 재킷. 제2차 세계
대전 참전자 기증품
ⓒ미해군역사박물관

위 사진은 1944년형 개량 N1 덱 재킷이다. 1956년 폴 뉴먼이 입고 있던 것과 같은 모델이다.

얼핏 봐서는 알 수 없는 기능성 디자인이 몇 있는데 하나는 방풍 단추이다. 오른쪽 위 사진처럼 평소에는 컬러 바깥쪽에 고정했다가 필요시 풀어 잠금 단추로 쓸 수 있다. 또한 보온을 위해 아래 사진처럼 재킷 아랫단 끈을 당겨 묶을 수도 있었다.

멋을 아는 이들의 패션 소품 N1 덱 재킷

군복이 전쟁터 밖으로 나와 패션이 된 사례는 많다. 상의 외투 중에는 트렌치코트, 피코트, 야상(야전 상의)이 대표일 것이다. 실용성과 멋을 모두 겸비한 것이 공통점이다. 그런데 N1 덱 재킷은 그 둘을 충분히 갖추고

N1 덱 재킷은 칼라를 세운 후 잠금 단추를 풀어 묶을 수 있게 디자인되었다. ⓒdhgate.com

끈을 당겨 재킷 아랫단으로 바람이 들어오지 않게 할 수 있었다. ⓒredcloudoverall.com

N1 덱 재킷

도 한동안 하나의 패션으로 자리 잡지 못했다.

그 이유는 첫째, 병사들의 복장이었기 때문이다. 대중은 같은 군복이라면 장교들의 것을 입고 싶어 한다. 제1차 세계대전 때부터 영국 장교들이 입었던 트렌치코트처럼 말이다.

둘째, 미 해군 항공대라는 특정 소수 집단의 옷이었기 때문이다. 해군 수병은 피코트를 입고 근무하므로 '피코트 = 해군' 공식이 성립한다. 하나의 문화 코드가 되는 것이다. 그러나 N1 덱 재킷은 아는 사람보다 모르는 사람이 더 많다.

셋째, 비싸서 전역할 때 가지고 나가지 못했기 때문이다. 군복의 민간 유행은 대개 '전역한 큰형(삼촌)이 입는 옷'에서 시작한다. 야상이 대표적이다. 1990년대까지만 하더라도 큰형 방 혹은 대학교 동아리 방 옷걸이에 걸린 예비역의 야상은 흔한 풍경이었다. 그러나 N-1 덱 재킷은 군대 밖에서 보기 힘들었다. 전역할 때 부대에 반납해야 했기 때문이다(물론 몰래 밖으로 빼돌리는 이들도 있었지만). 눈에 띄질 않으니 유행될 수가 있나.

제2차 세계대전 종결 이후 N1 덱 재킷을 군대 울타리 밖으로 불러낸 이들은 바이크 족이었다. 거친 겨울 바다에서 선상 활동하는 수병들을 위해 만든 옷이었으니 도로 위 칼바람을 맞고 달리는 바이크 족들에게도 딱 맞았다.

2008년 《보그》지가 1956년 N1 덱 재킷을 입고 있는 폴 뉴먼 사진을 공개한 이후 수요가 폭발적으로 늘었다. 제2차 세계대전기에 보급되었던 N1 덱 재킷이 이베이에 매물로 올라와 50~100만원 선에서 거래되는 중이다.

군복 라이선스를 갖고 있거나 재현품을 전문 생산하는 업체의 N1 덱 재킷도 인기리에 팔렸다. 2008-2009년 시즌 미국 겨울 베스트 아이템으로 떠오른 이후 2년 터울로 유럽, 일본을 거쳐 한국에는 2014-2015 시즌에 큰 인기를 끌었다.

상 N1 덱 재킷을 입고 있는 다양한 바이크 족 ⓒthebikeshed.cc
하 아마존에서 현재 판매하고 있는 다양한 N1 덱 재킷들 ⓒ아마존

08 개리슨 캡

개리슨 캡
: 《밴드 오브 브라더스》에서 자주 본 저 모자, 이름이 뭐지?

영내에서 착용하는 것이 원칙인 모자, 개리슨 캡

개리슨 캡garrison cap(영내 모자)은 군인이 영내 근무 시에 착용하는 챙 없는 모자이다. 우리에겐 미국 드라마 《밴드 오브 브라더스(2001)》를 통해 널리 알려졌다. 극 중 제101공수사단 영내 활동 장면에 장병들이 개리슨 캡을 쓰고 다니는 모습이 자주 나왔다.

개리슨 캡의 기원

미군이 개리슨 캡이란 명칭을 사용하기 시작한 것은 제2차 세계대전 때부터다. 그 이전에는 오버시즈 캡overseas cap(외국 모자) 혹은 플라이트 캡flight cap(비행 모자)이라고 불렀다.

상 《밴드 오브 브라더스》의 한 장면 ⓒIMDb
하 제1차 세계대전 당시 오버시즈 캡을 쓰고 있는 미 육군 항공 장병. 자세히 보면 오버시즈 캡의 재질, 디자인이 각양각색이다. ⓒusmilitariaforum.com

포리지 캡에서 오버시즈 캡으로

오버시즈 캡의 역사는 제1차 세계대전기로 거슬러 올라간다. 1917년 4월 미국은 뒤늦게 참전을 결정하고 유럽 대륙으로 미 원정군을 파병했다. 급한 파병 결정, 원정의 제한사항 등으로 인해 무기, 장비, 물자 수송에 상당히 많은 시간이 소요되었다. 그래서 참전 초기 미군 장병 상당수는 프랑스군의 보급품을 받아 썼다.

그중 하나가 챙 없는 작업 모자인 샤포 드 푸라지chapeau de fourrage였다. 프랑스군 작업 모자이다. 미군은 이를 영어로 맞게 고쳐 포리지 캡forage cap이라고 불렀다. 그러나 단순하고 직관적인 것을 좋아하는 병사들은 그냥 오버시즈 캡이라고 했다. 추측하기로는, '포리지' → '포린(foreign; 외국의)' → '오버시즈(overseas; 외국의)'로 이어지는 연상을 통해 명칭을 바꿨을 것이다.

재질과 디자인이 조금씩 다른 오버시즈 캡(=샤포 드 푸라지=포리지 캡)을 쓰고 있는 미군 장병 ⓒ usmilitariaforum.com

제1차 세계대전이 끝나자 오버시즈 캡은 자취를 감추었는데 이유는 두 가지였다. 햇볕과 비를 막아주지 못해 비실용적이었고, 군기가 빠져 보였기 때문이다. 병사들은 오버시즈 캡을 주머니에 쑤셔 넣고 다니거나 깔고 앉기 일쑤였다. 쓴다고 해도 제대로 쓰지 않고 대부분 한쪽으로 삐딱하게 기울여 머리에 얹고 다녔다.

미군 병사들은 각자 개성에 맞게 오버시즈 캡을 썼다. ⓒusmilitariaforum.com

플라이트 캡에서 개리슨 캡으로

복제 규정에 없는 비인가 군수품이었지만 정비병, 취사병처럼 좁은 곳에서 바삐 움직이는 이들은 여전히 오버시즈 캡을 쓰고 다녔다. '비인가 군수품의 존재를 뻔히 알고도 넘어가느니 아예 복제 규정에 포함시키자.' 이것이 1933년 미 육군 항공(후일 공군으로 독립) 지휘부의 결정이었다. 육군 항공은 이를 플라이트 캡으로 명명하면서 다시 한번 '평시 영내에서 조종, 정비 시에만' 착용토록 제한했다.

시간이 조금 지나자 장병들은 플라이트 캡 대신 개리슨 캡이란 명칭으로 부르기 시작했다. 그 이유는 두 가지였을 것이다. 우선 플라이트 캡보다 개리슨 캡이란 명칭이 이 모자의 용도, 제한사항(영내에서 작업할 때만 쓰는 모자)을 명확히 표현했기 때문이다.

두 번째 이유는 약간 긴 설명이 필요하다. 미 육군 항공이 개량을 가미하여 보급한 모델은 원형인 프랑스군의 '샤포 드 푸라지'보다 스코틀랜드군의 '글렝개리glengarry'에 더 가까웠다. 이를 누군가 알아보았고 다음과 같은 대화가 이어지지 않았을까?

"이건 샤포 드 푸라지도 오버시즈 캡도 아니야. 차라리 글렝개리에 가깝군."
"그러고 보니 글렝개리와 비슷하네. 그럼 이걸 글렝개리 캡이라고 부르자."
"아니. 그러면 이름이 너무 기니까 줄여서 그냥 '개리 캡'이라고 하면 어떨까?"
"개리라고만 하면 아무 뜻이 없잖아. 사람 이름 같기도 하고 말이야. 차라리 영내(garrison)에서만 쓰라고 했으니까 '개리슨 캡'이라고 하면 좋을 것 같군."

어디까지나 추측이지만 '어느 날부터인가 플라이트 캡 대신 개리슨 캡이라고 불렀다'는 막연한 설명보다는 낫지 않을까. 말이 나온 김에 스코틀랜드군의 글렝개리에 대해 알아보도록 하자.

스코틀랜드의 챙 없는 양털 모자 글렝개리

글렝개리는 양털로 만든 스코틀랜드 전통 모자로서 두껍고 챙 없는 것이 특징이다. 이를 집단적으로 쓰기 시작한 것은 18세기 말 글렝개리 국방 용병Glengarry Fencibles이었다.

영국은 18세기 중반부터 스코틀랜드 산악 지대를 완전히 평정하기 위해 지역 내 모든 거주민을 쫓아냈다. 이것이 이른바 '고산 지대 소개Highland Clearances'이다. 이때 쫓겨난 이들 중 '글렝개리 하이랜더Glengarry

Highlanders'는 호구지책으로 연대 규모의 부대를 만들어 용병 노릇을 했다. 그리고 자신들을 '글렝개리 국방 용병'이라 칭했다.

1792년 혁명전쟁이 발발하고 그 여파가 유럽 전역에 미치자 글렝개리 하이랜더는 영국의 손이 미처 닿지 않는 접경 및 도서 지역에서 진압, 지역 안정, 선점 등의 임무(지금으로 따지면 여건 조성 작전)를 맡았다.

그러다가 1802년 바뀐 영국 정책에 의해 하이랜더들은 다시 스코틀랜드로 돌아갔는데 그 삶이 빈곤하기 그지없었다. 이에 새 살 길을 찾고자 선택한 것이 캐나다 이주이다. 캐나다로 이주한 글렝개리 하이랜더는 자경단을 조직하여 스스로를 지키고자 했는데 이들이 유니폼처럼 착용한 모자가 바로 '글렝개리(모자)'였다.

글렝개리(모자)가 유명해진 것은 '1812년 미-영 전쟁' 때였다. 영국은 캐나다에 위치한 글렝개리 하이랜더를 작전에 투입하고자 했고, 글렝개리 하이랜더는 이 기회를 살려 생존 토대를 마련하고자 했다. 그리하여

19세기 말 글렝개리 국방 용병이 착용했던 글렝개리 ⓒcollections.tepapa.govt.nz

창설된 것이 '글렝개리 경보병단Glengarry Light Infantry Fencibles'이다. 이들은 글렝개리(모자)를 쓰고 미군과 수차례 교전을 벌였다.

이후 글렝개리(모자)는 스코틀랜드군 역사와 전통의 상징이 되었다. 현재는 왕실 스코틀랜드 연대가 글렝개리(모자)를 제식모로 착용하여 그 역사와 전통을 잇고 있다.

2011년 영국 여왕의 사열을 받고 있는 왕실 스코틀랜드 연대. 글렝개리를 쓰고 있다. ⓒtheroyalregimentofscotland.org

미군이 챙 없는 양털 모자를 개리슨 캡이라고 부른 이유

1) 샤포 드 푸라지가 개리슨 캡이 되기까지

프랑스군으로부터 받은 '샤포 드 푸라지'를 '포리지 캡', 스코틀랜드군의 '글렝개리'에서 착안하여 '플라이트 캡'을 '개리슨 캡'이라 부른 것에서 알 수 있듯이 미군은 남다르게 군사와 관련된 것에 이름을 붙이고 바꾼다. 어찌 보면 이런 현상은 세계 공통이다. 한국군 병사들이 겨울에 입는 보온용 내피를 '방상내피' 대신 '깔깔이'라고 부르는 것도 같은 맥락이라 할 수 있다. 개리슨 캡이 전장 속에서 지나온 여정을 표로 정리하면 다음과 같다.

구분	19세기 프랑스	제1차 세계대전	1933년	제2차 세계대전
표기	샤포 드 푸라지	포리지 캡 → 오버시즈 캡	플라이트 캡	개리슨 캡
구분	'모자'라는 뜻	전후 착용 제한	미 육군 항공	미 육해공군

제1차 세계대전 당시 글렝개리를 끄고 있는 스코틀랜드 군인의 모습(좌). 글렝개리는 지금도 왕실 스코틀랜드 연대 제식 복장으로 유효하다. ⓒ위키피디아미디어커먼스

2) 제2차 세계대전과 개리슨 캡

제1차 세계대전 이후 개리슨 캡(당시 명칭은 오버시즈 캡)은 가장 인기 있는 '쓸 것'이었다. 영내 활동에서 이만큼 편한 모자는 없었다. 장병들은 훈련, 작업, 외출 등 때와 장소를 가리지 않고 썼으며 야구와 같은 스포츠 경기를 할 때도 썼다.

위기는 있었다. 비실용적이며 군기가 빠져 보인다는 이유로 한때 착용을 금지했기 때문이다. 그러나 얼마 지나지 않아 또 전쟁이 발발했고 (제2차 세계대전) 개리슨 캡은 다시 '쓸 것의 왕좌'를 차지했다. 미국이 참전을 공식 선언한 1941년부터 육해공군 장병 모두 전투 상황 하에서 헬멧을 쓸 때가 아니면 개리슨 캡을 썼다. 물론 장군도 개리슨 캡을 썼다.

개리슨 캡을 쓴 장군들. 좌로부터 제2차 세계대전의 영웅 패튼 장군, 미 제34대 대통령을 역임한 아이젠하워 장군, 한국전쟁 당시 유엔군 총사령관을 역임한 클라크 장군 ⓒ위키피디아미디어커먼스

1944년부터는 미국 보이스카우트 대원도 개리슨 캡을 썼다. 보이스카우트 정신, 조직, 복장이 군대에서 비롯되었다는 것은 잘 알려진 사실이다. 미국 보이스카우트는 특히 제2차 세계대전 참전 직후 공식적으로 지지를 선언하고 정부의 전쟁 정책에 적극 협조했는데 이때 미 전쟁부

장관은 보이스카우트의 군복 착용을 허가했다. 미국에서는 1916년부터 민간인이 군복 혹은 군복과 유사한 디자인의 의상을 착용하는 것이 금지되어 있었다.

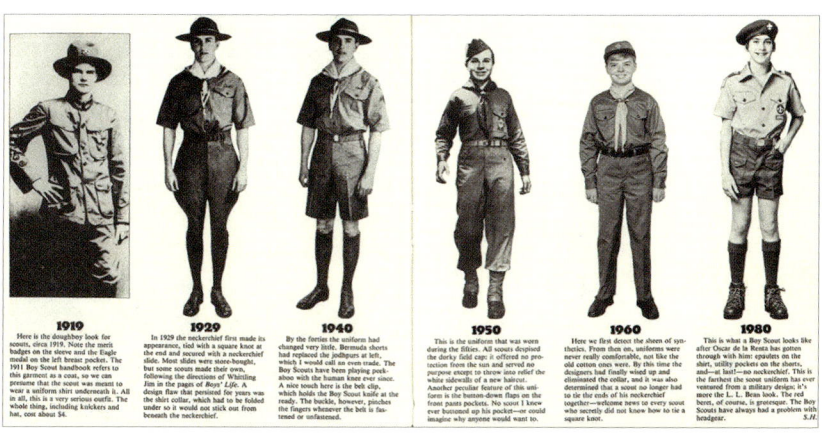

상 보이스카우트의 복장 변화. 제2차 세계대전 이전(좌측에서 세 번째), 이후(좌측에서 네 번째)를 비교하면 상당한 차이가 있다. ⓒreedsms.com/boy-scouts
하 보이스카우트 포스터. 모두 개리슨 캡을 쓰고 있다. ⓒreedsms.com/boy-scouts

개리슨 캡과 한국군

한국군도 개리슨 캡을 쓴다. '개리슨 모'라고 부르며 현재 공군, 해군, 해병대가 쓰고 있다. 이들이 개리슨 캡을 도입한 이유는 편리성과 이미지 때문이다. 그러나 '편하지도 않고 이미지도 좋아 보이지 않는다'는 의견이 많다.

한국 공군(좌)과 해군(우)의 개리슨 캡 ⓒ국방일보

2014년 해병대가 올리브 색 개리슨 캡을 복제 규정에 넣는다고 했을 때 논란이 일었다. 해병대 업무 담당자는 '(기존 팔각모는) 실내 근무 시 착용하거나 보관할 때 불편하다는 의견이 많았다', '팔각모는 디자인이나 색깔이 다소 시대에 뒤처진다는 지적이 있었다'(《중앙일보》2014년 12월 1일자)고 했지만, 정작 해병대 장병(예비역을 포함한)은 그런 의견이나 지적의 출처가 어디냐며 의아해했다. 더불어 '변덕쟁이처럼 왜 자꾸 바꾸느냐? 해병대 역사와 전통을 우습게 보는 거냐?', '복지에 쓸 돈은 없고 모자 바꿀 돈은 있냐?'는 비판도 있었다.

해병대 전투복에 팔각모 착용 모습(좌)과 근무복에 개리슨 캡(우) 착용 모습 ⓒ해병닷컴

　유사한 논란이 육군에서도 있었다. 2011년에 '기존의 전투모 대신 베레(모)를 채택한다'고 발표했을 때, 그리고 2019년에 다시 '지금의 베레 대신 전투모로 회귀한다'고 했을 때이다. 마찬가지로 의견 수렴을 제대로 하라, 그만 좀 바꿔라, 병사 복지에 더 신경 써라 등의 비판이 나왔다.
　한국 육군 베레와 해병대 개리슨 캡 도입은 운용 환경을 잘못 분석하여 나온 실패라는 구체적 지적도 있다. 한국의 기후 특성상 챙 없는 개리슨 캡과 베레는 오히려 불편하다. 해 뜨면 햇빛을 가리지 못하고, 비오면 비를, 바람 불면 바람을 막아주지 못한다.
　또한 비판자들은 해병대와 육군이 주장한 이미지 개선도 현실을 몰라서 하는 소리라고 했다. 삐딱하게 쓴 개리슨 캡과 베레만큼 군기 빠져 보이는 것이 또 있을까. 쓰기라도 하면 다행인데 거리에 나가보면 많은 장병들이 베레를 벗은 채 시내를 활보한다. SNS에는 하루가 멀다 하고 '길(술집, 피시방)에서 군인 모자 주웠음' 게시물이 떠다닌다.

분실한 베레를 찾아가라는 '웃픈' 사연이 종종 SNS에 올라온다. ⓒ페이스북페이지

프랑스군에서 시작된 이래 제1, 2차 세계대전을 거쳐 오늘날까지도 미군 복제의 일부로 기능하는 개리슨 캡 이야기는 흥미로우며 미군의 역사와 정체성 일부를 구성한다. 미군에게 개리슨 캡은 전장 환경에 맞는 모자를 찾아나가는 과정 속에서 나온 결과물이었다.

그러나 한국군의 개리슨 캡에는 유래, 이야기, 역사가 없다. 논란을 불러일으켜 오히려 한국군 정체성에 좋지 않은 영향을 끼쳤다고 본다. 한국군의 개리슨 캡은 미군이 찾아낸 결과물을 모방한 것이어서 사용자들이 납득할 만한 인과 관계, 담론이 없기 때문이다.

09 베르살리에르 장식

큰 깃털 장식을 전투 헬멧에
달고 다니는 부대 베르살리에르

이탈리아 경보병 부대 베르살리에르

'베르살리에르Bersagliere'는 이탈리아 경보병 부대이다. 1836년에 창설된 '샤르데냐 왕국군Army of the Kingdom of Sardinia'이 원류이다. 1861년 사르데냐 왕국이 이탈리아 왕국을 수립한 이후에는 '이탈리아 왕실군Royal Italian Army'이 되었다.

베르살리에르는 '특등 사수'란 뜻이다. 샤르데냐 왕국은 말 그대로 특등 사수로 구성된 최고의 군대로 키우기 위해 노력했다. 베르살리에르의 자부심은 복장에도 드러났는데 가장 큰 특징은 넓은 챙 모자에 검은 뇌조의 깃 장식이었다. 더욱 특이한 것은 제1차 세계대전 발발 후 본격적으

베르살리에르 부대원의 사진. 좌측(1900년)은 챙 넓은 모자에, 우측(1918년 추정)은 전투 헬멧에 깃 장식을 했다. ⓒ위키미디어커먼스

로 착용하게 된 전투 헬멧에도 깃털 장식을 붙인 것이다.

베르살리에르는 주로 매복, 기습, 교란, 히트 앤드 런 전술을 사용하는 경보병 부대로 창설되었다. 나폴레옹 전쟁기 프랑스군은 아군 측후방을 경계하면서 매복작전을 펼치고 필요시 적 측후방을 기습하는 척후병 skirmisher을 적극 운용했다. 이는 전승에 큰 영향을 미쳤기 때문에 프랑스군은 척후병 전술을 사용하는 경보병 부대 즉 '볼티제Voltigeurs'를 창설했다. 이를 모방한 것이 독일군의 '예거Jäger', 영국군의 '라이플멘Riflemen'이며 이탈리아군의 베르살리에르이다.

'베르살리에르 달리기'

초기 베르살리에르는 살인적인 훈련량으로 유명했다. 이탈리아의 산악 지대를 달리는 것이 전술의 기본이었기 때문에 장병들은 하루 종일 뛰었다. 이것을 '베르살리에르 달리기'라고 불렀는데 심지어 제식 사열, 행진 시에도 뛰었다.

'베르살리에르 달리기'를 하고 있는 장병들. 상단 사진은 제1차 세계대전 당시, 하단은 2007년 ⓒ위키미디어커먼스, ⓒstripes.com

'베르살리에르 달리기' 전통은 현재까지도 이탈리아군에 이어지고 있는데 가장 유명한 것은 베르살리에르 군악대의 달리기이다. 말 그대로 군악 연주 행사Military Tatto를 하면서 뛰는 것인데 해마다 이를 보기 위해 세계 곳곳에서 관광객이 찾아온다.

베르살리에르 군악대가 달리기를 하면서 군악 연주하는 모습. 상단 사진은 2007년, 하단은 2016년
ⓒstripes.com

제1차 세계대전과 베르살리에르 : 접이식 자전거

제1차 세계대전이 발발했을 때 베르살리에르는 자전거를 이동수단으로 사용했다. 자전거는 은밀히 기동하여 적을 기습한 후 사방으로 재빨리 흩어지는 히트 앤드 런 전술에 안성맞춤이었다.

베르살리에르는 접이식 자전거를 정식으로 장비표에 포함시킨 최초의 부대로 알려져 있다. 그리고 도입했던 자전거는 이탈리아 비앙키Bianchi 사의 '접이식 1912'로 알려져 있다.

비앙키 사의 '접이식 1912' 자전거를 운용한 베르살리에르의 전투 군장 ⓒditsong.org.za

제1차 세계대전 당시 베르살리에르 대원들의 모습. 들고 멜 수 있는 접이식 자전거를 개발하여 운용했다.
ⓒbikeradar.com

제1차 세계대전 당시 베르살리에르 대원의 복장을 잘 알 수 있는 사진 ⓒbikeradar.com

제1차 세계대전 당시 여러 나라 군대가 자전거를 기동수단으로 운용했다. 사진 속 부대는 영국 경보병 부대 ⓒbikeradar.com

    프랑스, 영국, 독일 등은 베르살리에르가 접이식 자전거를 정식 도입한 최초 부대라는 것에 이의를 제기한다. 대표적으로 프랑스는 자신의 자전거 부대가 베르살리에르에 앞선다고 주장해왔다. 우측 사진은 '클레멘트-글래디에이터'라는 프랑스 자전거 회사가 1896년 촬영한 홍보용 사진이다. 핵심 아이디어는 '경보병 부대 + 접이식 자전거'이다. 그리고 일부 부대가 접이식 자전거를 작전에 사용하기도 했다. 그러나 베르살리에르처럼 접이식 자전거 운용을 위해 훈련, 편제, 장비를 모두 갖춘 것은 아니었다.

    비앙키 사의 '접이식 1912'가 베르살리에르의 최초 모델이 아니란 주장도 있다. 이는 맞기도 하고 틀리기도 하다. 베르살리에르는 1800년대 말부터 기동성 향상을 위해 다음 장 사진과 같은 나무 자전거, 미국산 접이식 자전거 시제품을 시험 운용한 적이 있다. 그러나 본격적으로 부대 편제, 작전 시행에 자전거를 활용한 것은 '접이식 1912'가 처음이었다.

한 프랑스 자전거 제조업체가 촬영한 홍보용 사진 ⓒ위키미디어커먼즈

상 1800년대 말 베르살리에르가 시험 운용했던 나무 자전거. 한 눈에 보고 알 수 있겠지만, 실제 작전에 사용하진 못했다. ⓒditsong.org.za
하 베르살리에르가 시험적으로 운용했던 미국산 접이식 자전거 ⓒtheworldwar.org

제2차 세계대전과 베르살리에르 : 모터사이클

제2차 세계대전이 발발하자 베르살리에르는 일부 예하 부대에 접이식 자전거 대신 모터사이클을 지급했다. 이들이 지급 받은 것은 모토 구찌(500cc)와 베넬리(350cc) 개량형이었는데 다음 사진에 그 모습이 잘 나타나있다.

출동 전 사열 받는 베르살리에르 모터사이클 부대(상). 출동 직전의 모습(하) ⓒridingvintage.com

제2차 세계대전 당시 베르살리에르 모터사이클 부대. 주로 2인 1조로 짝을 이루고 있다.
ⓒridingvintage.com

오늘날의 베르살리에르

지금도 이탈리아군에는 베르살리에르가 있다. 증강된 6개 연대 규모인데 자국 방위를 위해서뿐만 아니라 나토 신속대응군NATO Response Force의 일부로서 유럽 전체의 평화를 위해 활발히 작전 활동을 펼치고 있다.

상
이라크에서 작전 중인 베르살리에르 장병의 모습(2016년) ⓒiraqinews.com

하
나토군의 일부로 활동 중인 베르살리에르 대원의 모습. 왼쪽 어깨에 'NRF'라고 표시된 마크는 '나토 신속대응군 NATO Response Force'을 뜻한다.
ⓒ나토군홈페이지

19세기 말부터 현재까지 베르살리에르의 공통점

아래 사진은 창설 초기부터 지금까지 베르살리에르 대원의 모습을 모아놓은 것이다. 백 년이 넘게 흐르는 동안 복장, 장비, 무기 등이 변했지만 단 한 가지 변하지 않은 게 있다. 그것은 바로 모자, 전투 헬멧의 깃털 장식이다.

창설 초기부터 지금까지 베르살리에르 대원의 모습 ⓒ나토군홈페이지 등

베르살리에르 모자의 깃털은 검은 뇌조의 것이다. 이 깃털은 모자 오른쪽에 장식하는데 행사용은 400개, 전투용은 100개의 깃털을 사용한다.

검은 뇌조 ⓒ위키미디어커먼즈

좌측이 행사용, 우측이 전투용 깃털 장식이다. 참고로, 좌측 인물은 베르살리에르 출신 예비역 ⓒesercito.difesa.it

    그렇다면 베르살리에르는 왜 뇌조 깃털 장식을 사용하는 것일까? 첫째는 물론 장식을 위해서다. 19세기까지만 하더라도 많은 나라 군대가 비싼 소재, 화려한 컬러를 사용했다. 베르살리에르도 같은 맥락에서 뇌조 깃털을 썼다. 둘째는 뇌조 깃털이 사격 시 햇빛을 차단하여 시야를 보호해주기 때문이다. 베르살리에르는 '그래서 깃털을 오른쪽에 다는 것'이라고 설명한다. 셋째는 뇌조 깃털을 모자나 전투 헬멧에 부착하면 은폐 효과가 있기 때문이다. 야전 지형에서 챙 달린 모자, 전투 헬멧을 쓰고 있으면 눈에 띈다. 뇌조 깃털을 달면 그런 도드라진 실루엣을 감추는 역할을 한다.

    물론 베르살리에르의 뇌조 깃털 장식에 장점만 있는 것은 아니다. 평소 관리가 힘들고 바람이 세게 불면 시야를 가리고 얼굴을 덮어 불편할 때도 있다. 아래 사진처럼 말이다.

바람이 불어 뇌조 깃털이 온통 얼굴을 가렸다. ⓒesercito.difesa.it

10 | 데님

파격과 저항의 상징 데님

안드레 아가시의 데님 '조트'

우리에게 익숙한 테니스 선수 안드레 아가시의 모습은 다음 사진의 것이다. 1996년 애틀랜타 올림픽에서 안드레 아가시는 금메달을 땄다.

머리를 깔끔하게 밀고 단정한 테니스복을 입은 안드레 아가시와는 대조적인 스타일의 선수가 한 명 있다. 다음 장 우측 사진을 보면 머리를 등까지 길게 기른 채 테니스복이라기엔 파격적인 데님 반바지를 입고 경기를 하고 있다.

이런 데님 반바지를 '조트jorts'라 하는데 데님 의류의 총칭인 '진jean'과 반바지 '쇼트shorts'의 합성어이다. 어쨌든 어느 모로 봐도 운동복은 아닌 조트를 입고 경기 중인 이 선수는 누구일까?

1996년 애틀랜타 올림픽 당시 안드레 아가시의 모습 ⓒ올림픽위원회홈페이지

긴 장발에 특히 조트를 입고 테니스를 치는 모습이 눈길을 끈다. ⓒ전미테니스협회홈페이지

이미 알고 있는 이도 있겠지만 앞 사진 속 선수 역시 안드레 아가시이다. 1980년대에 장발과 조트는 특히나 테니스 선수에게 파격이며 저항이었다. 장발을 대놓고 규제하는 분위기는 아니었지만 복장의 경우는 달랐다.

모든 복장의 색을 백색으로 엄격히 제한하는 윔블던Wimbledon 대회라면 안드레 아가시의 조트 착용은 실격 사유였다. 이를 두고 안드레 아가시와 윔블던이 갈등을 빚는 일은 일어나지 않았다. 안드레 아가시가 1990년까지 출전하지 않았기 때문이다.

왜 안드레 아가시는 조트를 입고 코트에 나왔을까? 조트를 처음 선보인 것은 1988년 유에스 오픈U.S. Open에서였다. 분명 경기력 향상을 위한 목적은 아니었다. 지금처럼 신축성, 통기성 있는 데님 소재가 개발되지 않았던 때라 안드레 아가시는 이래저래 불편했을 것이다. 《GQ》는 2016년 한 기사에서 안드레 아가시가 테니스에 강요된 격식, 매너, 관습에 저항하는 의미에서 조트를 입고 나왔다고 평했다.

저항에서 그치지 않고 실력과 결과로 입증했다. 안드레 아가시는 시야를 가리고 움직임을 방해하는 장발과 조트 차림으로 그랜드슬램 대회에서 8회 우승, 7회 준우승하고 올림픽 금메달을 땄다.

제임스 딘의 데님 청바지

그런데 실은 안드레 아가시보다 훨씬 오래 전에 데님을 파격과 저항의 상징으로 만든 이가 있었다. 제임스 딘이다. 아직도 '제임스 딘' 하면 그가 입은 청재킷과 청바지부터 떠올리는 이가 많을 것이다. 제임스 딘을 세상에 널리 알린 영화 《에덴의 동쪽(1955)》, 시대의 아이콘으로 만든 《이유 없는 반항(1955)》, 유작이 된 《자이언트(1956)》 세 편 모두에서 진을 입었다.

영화 《에덴의 동쪽(1955)》 ⓒtheguardian.com

상 영화《이유 없는 반항(1955)》ⓒtheguardian.com
하 영화《자이언트(1956)》ⓒvogue.fr

평론가들은 제임스 딘이 전후 세대의 야누스적인 특성을 잘 드러낸다고 말한다. 예를 들면 표정이나 연기 속에 헌신과 욕망, 혼돈과 확신 같은 양가적 분위기가 동시에 나타나는 것인데 《보그》가 2020년 특집 기사에 공개한 사진(아래)을 보면 대부분 '과연' 하고 공감하게 될 것이다.

데님도 야누스적인 특성, 양가적 분위기를 갖고 있다. 데님은 어른 대접을 받고 싶지만 어른들의 세계가 싫은 사춘기의 청소년 혹은 반항적 청년의 옷이다. 이른바 '질풍노도의 시기'에 딱 어울리는 유니폼인 셈이다. 이러한 특성이 제임스 딘이 가진 분위기, 영화 속 그의 역할 특성과 딱 맞아 떨어진 것이다.

《보그》가 공개한 제임스 딘의 사진. 《자이언트》 촬영 중 찍은 것이다. ⓒvogue.fr

마돈나의 데님 청재킷

'팝의 여왕' 마돈나는 각종 매체의 '역사상 가장 위대한 가수' 리스트에 항상 거론되는 인물이다. 1982년 첫 싱글 〈에브리바디Everybody〉가 대중의 주목을 받은 이래 1984년 발표한 〈라이크 어 버진Like A Virgin〉이 대히트하며 세계 각국 차트에서 1위를 했고 현재까지도 여성 가수 중 차트 1위 횟수, 음반 판매량, 음악상 수상, 관객 동원, 수입 등에서 부동의 탑을 유지하고 있다.

마돈나는 80, 90년대 파격과 저항의 대표 아이콘이었다. 그녀의 공연, 어록, 행적 중 가장 파격적인 것 하나를 고르자면 1984년 제1회 MTV 비디오 뮤직 어워드 축하 공연이다. 팝 역사를 바꾼 공연 랭킹 상위에 항상 들어가는 이 무대에서 마돈나는 드레스인지 속옷인지 알 수 없는 옷에 보석인지 싸구려 모조품인지 알 수 없는 장신구를 휘감고 거기에 '보이 토이(BOY TOY)' 즉 '노리개'라고 쓰여 있는 벨트를 차고 나와 화룡점정畵龍點睛했다.

1984년 MTV 어워드 공연에서 마돈나가 선보인 패션은 후일 '보이 토이 룩'으로 불렸다.
ⓒMTV홈페이지

마돈나가 MTV 어워드에서 입고 나온 패션류는 후일 '보이 토이 룩'으로 불리게 된다. 마돈나의 보이 토이 룩에는 그녀가 가수로 데뷔하기 전 댄서, 모델 시절 경험이 담겨 있다. 1984년 초 공개한 〈경계선에서Borderline, 1984〉 뮤직 비디오를 통해 처음 선보였는데 그녀가 선택한 기본 소재는 데님이었다.

〈경계선에서〉 뮤직 비디오 속 마돈나. 보이 토이 룩 ⓒMTV홈페이지

마돈나의 보이 토이 룩에서 돋보이는 것은 데님 청재킷이다. 그녀는 청재킷의 깃을 세우고 팔을 걷어 올려 입거나 아니면 아예 팔소매를 뜯어 조끼로 만들어 입고 다녔다. 이는 금세 전세계적으로 유행했다. 한국 80, 90년대의 이른바 '하이틴 스타'들이 즐겨 입은 청재킷 패션도 마돈나의 보이 토이 룩에 영향을 받은 것이다.

마돈나의 찢어진 청바지, 청재킷, 흰색 티셔츠 조합은 세계적 유행이 되었다. ⓒ보그홈페이지

빌리 엘리어트의 데님

영화 《빌리 엘리어트》 속 빌리(제이미 벨 분)는 전형적인 노동자 집안 남자 아이이다. 항상 화난 얼굴로 형제, 친구들과 툭탁거린다. 빌리는 억

지로 권투 도장에 다니는데 남성미 넘치는 운동을 가문의 정체성으로 여기는 아버지 때문이다.

   그런 빌리가 어느 날 우연히 본 발레에 빠져 아버지 몰래 레슨을 받는다. 남성 호르몬 넘치는 영국 노동자 집안에서 아들이 발레를 배우는 것은 파격이고 저항이다. 이 파격과 저항을 결심한 장면 이후부터 빌리는 주로 데님을 입고 나온다. 데님이 가진 상징과 이미지를 영화 표현 도구로 사용한 것이다.

빌리는 발레를 배우면서부터 유독 데님을 자주 입고 나온다. 사진은 발레 배우기 전(상단 좌측 인물)과 발레 배운 후(하단)의 빌리 복장 비교 ⓒIMDb

뮤지컬 《빌리 엘리어트》 포스터에선 아예 위 아래로 데님을 입은 빌리가 전면에 등장한다. ⓒamazon.co.uk

해군의 데님

사람들은 상식의 틀을 깨는 파격, 억압과 폭력에 대한 저항을 문화적 표현으로 드러낼 때 데님을 입었다. 실제 일상에서도 마찬가지이다. 아직도 우리 사회는 나이가 많거나 직급이 높은 사람이 청바지를 입으면 '파격 행보', '권위 타파' 등의 수식어를 붙인다.

그렇다면 군대에서는 어떨까? 결론부터 말하자면 군대의 데님에는 파격이나 저항과는 정반대에 있는, 이를테면 성실, 복종 같은 이미지가 강하게 투사되어 있다. 미 해군 '덩거리dungarees'가 대표적이다.

덩거리는 데님 소재의 선상 작업복이다. 상의인 '샴브레이chambray' 셔츠와 하의인 데님 바지로 구성된다. 튼튼하기 때문에 궂은 뱃일을 할 때 좋고, 몸에 감기지 않는 특성 때문에 물투성이인 선상 작업에 적합하다.

안드레 아가시의 조트, 제임스 딘의 청바지, 마돈나의 청재킷, 빌리의 데님은 모두 파격과 저항을 표현하기 위한 도구로 사용되었다. 그러나 해군 장병이 데님 소재의 덩거리를 입는 이유는 유용하기 때문이다. 데님을 처음 의류 소재로 사용한 것이 막장일을 하는 광부였다는 점을 떠올려본다면, 해군은 데님을 최초의 목적에 맞게 잘 사용하고 있는 셈이다.

1984년 미 해군 규정에 나온 남·녀 수병 표준 덩거리 ⓒ미국립문서기록관리청

11 | 보트 슈즈

선원의 필수품 보트 슈즈

선상 미끄럼방지 신발 보트 슈즈

우측 사진의 구두를 그냥 로퍼 정도로 알고 지나쳤던 이가 많을 것이다. 그러나 이 구두의 이름은 '보트 슈즈boat shoes'이다. 선상에서 미끄러지지 않도록 기능성을 고려한 것이기에 '덱 슈즈deck shoes'라고도 한다. 오늘날은 일상에서 패션으로 신는 것을 보트 슈즈, 선상 활동에 신는 기능성 신발을 덱 슈즈로 불러 구분하고 이들을 통칭하여 '선상화topsider shoes'라 한다.

전형적인 형태의 보트 슈즈 ⓒsperry.com

1930년대에 탄생한 보트 슈즈

　1935년에 폴 스페리라는 사업가가 보트 슈즈를 출시했다. 보트 위에서 신기 좋은 신발이라고 광고했다. 말 그대로 소재, 디자인, 기능성 모두 선상 활동에 적합했다. 부드러운 가죽을 이용하고 발에 솔기가 닿지 않도록 만들었으며 고무 소재에 미끄럼 방지 홈을 넣어 바닥을 처리했다.
　자신의 이름을 따 상표명을 '스페리Sperry'로 한 보트 슈즈는 곧 유명해졌으며 여러 회사에서 유사 제품을 만들어 팔기 시작했다. 그런데 베끼고 살짝 바꿔 출시하더라도 '보트 슈즈' 하면 지켜야 하는 기본 디자인이 몇 가지 있다.
　첫째는 '목-토moc-toe' 방식 재단이다. 신발 앞부리, 등, 옆을 재단할 때 이음매가 바깥으로 드러나게 하는 것이다. 둘째는 신발 끈이다. 보트 슈즈의 신발 끈은 발목 주변을 한 바퀴 둘러 앞에 매는 식이다. 옆에 드러난 끈과 발등 위로 교차하는 끈이 하나로 되어 있다.
　참고로, 보트 슈즈의 목-토 방식 재단과 옆에 드러나는 긴 신발 끈은 '모카신 슈즈moccasin shoes'에서 차용한 것이다. 모카신 슈즈의 신발 끈은 신발이 벗겨지지 않도록 발목과 발등 부위를 함께 꽉 묶는 역할을 한다.

부드러운 사슴 가죽을 쓰기 때문에 그렇게 하는 것이 가능하고 필요하다. 그러나 보트 슈즈는 두꺼운 소가죽을 쓰기 때문에 끈을 꽉 묶는 것이 가능하지 않고 비교적 발에 꼭 맞는 것을 신기 때문에 그렇게 할 필요도 없다.

보트 슈즈의 원형인 모카신 슈즈 ⓒ아마존

보트 슈즈가 지켜야 할 기본 디자인 셋째는 '논-마킹non-marking' 고무라는 특수 소재를 사용하는 것이다. 논-마킹 고무는 한 마디로 열과 마찰에 강하게 만든 합성 소재이다.

내열성, 내마모성이 있는 소재를 쓰는 이유는 두 가지인데 하나는 보트 슈즈 착용자의 안전을 위해서이고 다른 하나는 비싼 마감처리 한 요트, 보트 바닥에 신발 끌린 자국이 안 나게 하기 위해서이다.

유명 브렌드 운동화 바닥에 보면 '논-마킹non-marking'이라고 쓰여 있다. ⓒ아디다스홈페이지>

해군은 선상에서는 무엇을 신을까

그렇다면 미끄러운 선상에서 전투해야 하는 해군은 무엇을 신고 임무를 수행할까? 답은 여러 가지인데 첫째는 전투화이다. 교육훈련과 전투 시 해군의 기준 복장은 전투복이며 발에는 전투화를 신도록 되어 있다.

둘째는 보급된 구두이다. 흔히 미끄러운 선상 환경에서는 바닥에 고무 처리 등이 된 특수화를 신을 것이라고 생각하지만 그렇지 않다. 너무 마찰력이 강하면 오히려 위험하다. 게다가 함선 등의 선상에는 이미 타르, 고무 처리가 되어 있다. 그래서 일반 구두를 신는 것이다.

상
전투복, 전투화를 착용한 미해군의 모습 ⓒ미해군홈페이지
하
제2차 세계대전 다시 촬영한 선상 수병의 모습. 구두, 전투화 등을 신고 있다. ⓒusmilitariaforum.com

보트 슈즈

함선 선상에는 특수도료 등으로 미끄럼 방지 처리가 되어 있다.
사진은 미 항공모함 존 F. 케네디 호 ⓒ위키미디어커먼스

셋째는 캔버스 덱 슈즈이다. 미 해군은 제2차 세계대전 당시 스페리 사와 계약하여 캔버스 덱 슈즈를 수병에게 보급했다. 우측 사진이 제2차 세계대전기 수병들이 신었던 캔버스 덱 슈즈이다.

전장의 미 해군이 신었다는데 이보다 더 훌륭한 홍보 스토리가 있을까? 스페리 사는 이를 대대적으로 홍보했고 '선상화 = 스페리' 공식을 국민들에게 각인시킬 수 있었다. 스케이트보드 탈 땐 반스VANS, 농구할 땐 나이키, 축구할 땐 아디다스처럼 말이다.

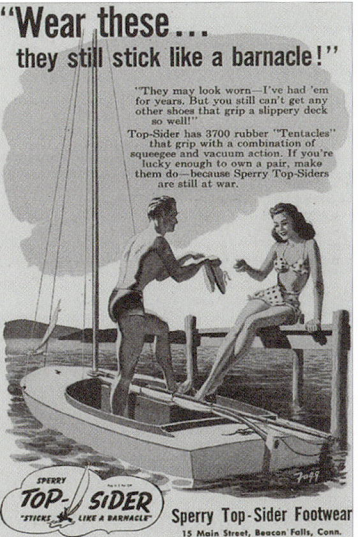

상 미 해군 보급용 캔버스 덱 슈즈 ⓒ이베이
하 스페리 사의 선상화 잡지 광고. 미 해군이 전장에서 신었던 신발임을 강조하고 있다.
ⓒsneakerfreaker.com

미 해군 잠수함 승조원들의 작업 모습 ⓒ위키미디어커먼스

위 사진은 미 해군 잠수함 승조원들이 계선줄을 잡아매는 모습이다. 자세히 보면 캔버스 덱 슈즈를 신고 있다. 제2차 세계대전 때의 것과 대동소이한 스페리 사의 것인데 '캔버스 옥스퍼드Canvas Oxford'라는 제품명으로 일반에도 판매하고 있다(끈 달린 구두인 옥스퍼드의 디자인을 차용하여 '신사들이 요트나 보트 위에서 신는 신발'이라는 이미지를 주려고 한 것 같다).

로버트 케네디가 애용한 캔버스 덱 슈즈

캔버스 덱 슈즈가 요트와 보트를 즐기는 이들의 필수품, 더 나아가 감

상 '캔버스 옥스퍼드'란 제품명으로 출시된 캔버스 덱 슈즈 ⓒ아마존
하 옥스퍼드 구두 ⓒ에스콰이어홈페이지

각 있는 남자들의 여름 철 패션 아이템이 된 데에는 로버트 케네디 미 대통령의 공이 컸다. 그는 휴가철에 종종 요트에서 망중한을 즐겼고 이는 텔레비전을 통해 전 세계에 중계되었다. 그가 착용한 모든 것은 곧장 남성 패션의 트렌드가 되었는데 백색 캔버스 덱 슈즈도 그중 하나였다.

참고로, 캔버스 덱 슈즈를 포함한 선상화류는 맨발에 신는 것을 원칙으로 한다. 다만 발목을 가리지 않는 목 짧은 양말 착용, 추운 겨울 체온 유지를 위한 긴 양말 착용은 예외로 하고 있다. 오른쪽 사진 속 케네디 대통령은 후자의 경우이다.

스페리 사의 백색 캔버스 덱 슈즈 ⓒ스페리홈페이지

백색 캔버스 덱 슈즈를 신고 있는 로버트 케네디 대통령 ⓒ케네디대통령기록관

보트 슈즈

12 | 올 블랙

올 블랙 패션

재수 없는 시커먼 옷

"아유, 저 아줌마는 재수 없게 시커먼 옷을 저렇게 입고 다녀."
"그러게 말이에요. 위아래 다 시커멓게 해가지고 무슨…"

내가 초등학교 다니던 시절 아파트 반상회에서 들은 말이다. 3, 4호 라인 2층에 사는 아주머니 한 분이 올 블랙을 좋아하는지 항상 위아래로 시커멓게 입고 다녔고, 동네 사람들은 재수 없다며 뒤에서 수군거렸다. 지금의 관점으로 보면 참 시대착오적인 에피소드지만 실제 2000년대 초반까지 한국 사회에서 올 블랙은 일종의 금기였다.
그러나 요즘은 다르다. 많은 사람들이 면접이나 발표를 앞두고 올 블랙 옷을 선택한다. 올 블랙은 어색한 파티, 등 떠밀려 나간 소개팅 자리에도 어울린다. 그래서 코코 샤넬은 올 블랙이 "모든 것을 갖춘 색'이라고 했다. 크리스찬 디올은 "언제 어디에서 입어도 되는 색"이라고도 했다.

1926년 코코 샤넬의 리틀 블랙 드레스

동서양을 막론하고 올 블랙은 원래 일상을 위한 색이 아니었다. 그것은 도둑, 강도, 암살자들이 입는 옷의 색이었다. 올 블랙은 은둔자와 수도승을 위한 것이었고 장의사와 미망인의 옷 색깔이었다. 이것이 세상이 올 블랙을 바라보는 관점이었다.

서구의 올 블랙에 대한 관점을 크게 바꾼 것은 한 천재적 디자이너의 선구적 시도였다. 코코 샤넬은 '여성복' 관념을 벗어나면서도 여러 목적과 장소에 어울리는 옷, 단순하면서도 질리지 않고 오래 입을 수 있는 옷

《보그》지를 통해 처음 소개되었던 리틀 블랙 드레스의 디자인 ⓒ보그인스타그램

을 구상하고 있었다. '리틀 블랙 드레스Little Black Dress'는 그 성과 중 하나였다. 1926년 코코 샤넬은 리틀 블랙 드레스의 콘셉트 디자인을 《보그》지에 실었다. 이는 즉각 큰 반향을 일으키며 유행이 되었다.

《보그》지는 샤넬의 리틀 블랙 드레스 아이디어를 '샤넬 판 포드'라고 했다. 헨리 포드도 저 유명한 모델-T 시리즈 자동차를 출시하면서 기본 색을 올 블랙으로 했었다. 포드 사의 올 블랙 모델-T 시리즈는 불티나게 팔렸고 자동차 시장의 기준이 되었다. 샤넬의 리틀 블랙 드레스 역시 곧 그런 역할을 하게 될 것이었다.

1930, 1940년대에 올 블랙은 코코 샤넬과 《보그》가 예견했던 것처럼 멋쟁이들 사이에 크게 유행했으며 여성복의 새로운 기준을 세웠다. 그 이면에는 경제 공황과 제2차 세계대전이라는 세계적 사건의 영향 탓도 있

리틀 블랙 드레스를 입고 거리를 걷는 1930년대 여성들의 모습 ⓒ위키미디어커먼스

었다. 이 시기 정부에서는 화려하고 장식 많은 옷을 통제했다. 그러므로 올 블랙은 정부의 일방적 통제에 대한 일종의 저항이기도 했다.

크리스찬 디올의 관능적 올 블랙

크리스찬 디올은 올 블랙에 관능, 매력 그리고 시대 관념을 더했다. 이른바 '뉴 룩New Look'이라 불리는 패션 콘셉트, 철학을 추구하면서 디올은 올 블랙에 성적 매력, 도전 정신, 위험 감수 같은 새로운 요소를 담고자 했다. 전통적으로 여성과 옷을 연결하는 고리와 틀을 깨부수고 새로운 여성 패션 토대를 마련하려 했던 것이다.

블랙 드레스를 손보고 있는 크리스찬 디올(1953년) ⓒ크리스찬디올박물관

오드리 헵번과 올 블랙

올 블랙 패션은 새로운 시도였으므로, 동네 멋쟁이 정도라면 몰라도 일반 대중이 시도하기엔 쉽지 않은 도전이었다. 이런 대중의 관념을 바꾸는 데 크게 일조한 이가 영화배우 오드리 헵번이었다.

그녀는 리틀 블랙 드레스를 크게 유행시킨 《티파니에서 아침을(1961)》이전에도 줄곧 영화와 공식 석상에서 올 블랙 스타일의 옷을 선보였다. 이는 오드리 헵번이 가진 우아함, 순수함을 부각시키기 위한 선택이었다. 한편으로 올 블랙 의상은 당시 영화, 방송의 특성을 반영한 것이기도 했다. 흑백 영화 시대였던 1950년대까지는 촬영과 등사 기술의 한계로 주요 등장인물에게 주로 올 블랙 의상을 입혔다.

오드리 헵번이 선보였던 다양한 올 블랙 의상들 ⓒIMDb

리틀 블랙 드레스를 입은 오드리 헵번. 좌측은 《사브리나(1954)》, 우측은 《티파니에서 아침을(1961)》이다. 《티파니에서 아침을》 이후 오드리 헵번의 의상은 위베르 드 지방시가 도맡아 디자인했다. ⓒIMDb

군대에서의 올 블랙

군대에서 올 블랙은 특수작전 부대Special Forces/Special Operations Forces 의 상징이다. 전 세계적으로 특수작전 부대는 올 블랙 유니폼을 입는다. 다음은 각국 특수작전 부대가 올 블랙 군복을 입은 모습이다.

상 프랑스군 특수부대Brigade de Recherche et d'Intervention ⓒarrestatie-team.nl
하 덴마크군 특수부대Huntsmen Corps ⓒ위키미디어커먼스

왜 특수작전 부대는 올 블랙 군복을 선택했을까? 이는 첫째, 특수작전 부대가 주로 야간 타격, 급습, 건물 진입 등과 같은 작전을 수행하기 때문이다. 어두운 밤에는 시커먼 색 군복이 위장에 제격이다. 급습과 건물 진입 시도 마찬가지이다.

상 대만군 특수부대 ROC Special Forces ⓒ위키미디어커먼스
하 아일랜드 육군유격대 Army Ranger Wing ⓒrte.ie

둘째, 적에게 위압과 공포를 조장하는 심리적 효과가 있기 때문이다. 어두운 곳에서 긴장하고 있을 때 그림자가 스치거나 작은 동물이 휙 하고 지나가면 사람들은 그 자리에서 굳거나 크게 놀란다. 그러면서 이렇게 말한다. "어휴, 시커먼 게 갑자기 지나가는데 진짜 깜짝 놀랐어."

셋째, 부대원을 알아보기가 용이하기 때문이다. 일반적인 카키 색이나 위장 색 군복을 입고 출동했는데 적도 같은 것을 입고 있으면 곤란하다. 그러니 야간 타격이나 급습 같은 특수작전 부대원이 아니면 입지 않는 올 블랙을 입는 편이 피아 식별에 유리하다.

13 　바가지 머리

헨리 5세, 상고머리 혹은 바가지 머리
: 헨리 5세는 왜 바가지 머리를 하고 있을까?

"왕 머리 스타일이 왜 저래?"

영화 《더 킹: 헨리 5세(2019)》의 포스터나 트레일러를 본 많은 사람들의 반응은 이것이었다. "왜 왕과 주변 참모들이 바가지 머리를 하고 있지?" 기존 역사물에서 왕들은 주로 사자의 갈기 같은 머리 모양새를 하고 나왔다. 전쟁터를 누볐던 장신(190cm 이상으로 추정)의 왕, 헨리 5세가 바가지 머리를 하고 나오다니, 사람들은 무언가 문제가 있다고 생각했다.

그런데 헨리 5세는 실제로 바가지 머리를 하고 다녔다. 영어 명칭도 '볼 헤어컷bowl haircut(바가지 머리)'이다. 12세기에 정립된 유서 깊은 머리 스타일이기도 하다.

영화《더 킹: 헨리 5세(2019)》의 한 장면. 헨리 5세는 줄곧 바가지 머리를 하고 나온다. ⓒ넷플릭스

16세기 말에 제작된 헨리 5세 초상화. 작자 미상 ⓒ위키미디어커먼스

바가지 머리

레놀드 엘스트랙이 그린 헨리 5세의 삽화. 좌측은 1618년에 그린 것이고 우측은 시기 미상 ⓒhistorical-portraits.com

십자군의 두발 기준

바가지 머리는 13세기 십자군 병영 내에서 하나의 스타일로 안착했다고 보는 것이 정설이다. 그 이전까지 남성은 따로 머리 스타일이라고 부를만한 것이 없었다. 자라는 대로 둔 긴 머리를 가끔 잘랐고 거추장스러우면 묶었다. 군대도 마찬가지였다.

그러나 십자군은 달랐다. 그들은 군대이자 신의 대리인이었다. 기사 한 사람 한 사람이 교황의 지목을 받은 교회나 마찬가지였다. 이것이 십자군 이름 아래 원정을 떠난 왕족, 귀족, 기사가 바가지 머리를 했던 이유를 설명한다. 십자군의 바가지 머리는 당대 수도사의 헤어스타일을 모방했던 것이다.

바가지 머리가 기능적인 선택이었다고 주장하는 이도 있다. 장기 해외 원정에서 청결과 단정함을 유지하려면 전체적으로 머리카락을 짧게 깎는 것이 최선이었는데 머리 부상을 방지하려면 위쪽 머리는 그대로 두어야 했다. 그러니 바가지 머리가 나올 수밖에 없었다는 것이다. 일리 있는 추론이다.

어찌되었든 십자군 원정 참여는 당대에 더없는 영광이었다. 따라서 임무를 마치고 귀국한 후에도 원정 참여자들은 바가지 머리 스타일을 계속 유지했다.

바가지 머리는 당대 최신 유행 스타일

중세 십자군의 인기는 어땠을까? 현대의 올림픽 국가대표 선수단, 차트 1위를 차지한 아이돌 그룹, 인기 예능 출연진의 인기를 합친 것보다 몇 단계 위였을 것이다. 당대 신앙의 깊이와 계급 구조를 생각하면 오늘날 우리들이 생각하는 것보다 훨씬 강하고 맹목적인 사랑, 존경을 받았을 것이다.

평민 남성들도 곧잘 십자군의 바가지 머리를 따라했다. 아이들은 '엄마, 나도 저 머리해 줘'라며 졸랐을 것이고, 엄마들은 '너도 저렇게 훌륭한 사람이 되어야 한다'며 머리를 바가지 모양으로 잘랐을 것이다. 다만 귀족들은 바가지 머리를 하고 싶어도 그렇게 하지 못했다. 십자군 원정에 참가한 자에게만 허락된 헤어스타일이었기 때문이다.

그렇다면 헨리 5세도 십자군 원정 참가 경험을 영광스럽게 여기며 바가지 머리 스타일을 유지한 것이었을까? 아니다. 헨리 5세는 십자군 원정에 참가하지 못했다. 장차 친히 원정대를 구성하여 성전(聖戰)에 참가하겠다는 계획을 갖고 오래 준비했지만 36세의 이른 나이에 사망하여 꿈을 이루지 못했다. 그렇다면 헨리 5세는 왜 바가지 머리를 했을까?

헨리 5세의 바가지 머리는 정통성의 상징

헨리 5세는 어렵게 왕위에 올랐다. 선대로부터 배척당해 주변을 떠돌다가 왕이 병사하고 나서야 권력을 차지했다. 차지한 왕좌 역시 정통성과는 거리가 멀었다. 선대 왕 헨리 4세가 리처드 2세로부터 찬탈한 것이었으니 말이다.

때문에 헨리 5세는 정통성을 갈구했다. 왕권을 강화하고 왕실의 안녕을 보장하기 위한 선결 조건이었다. 정통성을 차지할 방법은 두 가지였는데 첫째는 신의 대리인으로서 왕의 위치를 확고히 하는 것이었다. 신의 대리인으로 인정받기 위해 헨리 5세는 대관식에 프랑스로부터 공수해온 성유(聖油)를 쓰기까지 했다.

또한 왕이 된 후에도 묵상, 기도, 고해성사에 충실하고 근면, 성실, 검소를 실천하여 마치 수도사 같은 생활을 했다. 남은 기록을 보면 외모마저 수도사처럼 꾸몄다고 한다. 핵심은 그의 헤어스타일이었을 것이다. 당시 수도사들은 헌신과 겸손의 상징으로 바가지 머리를 했다.

둘째는 나중에 '백년 전쟁(1337~1453)'으로 불리는 대프랑스 전쟁을 승리로 끝맺는 것이었다. 이를 위해 그는 직접 원정대를 꾸려 1415년 프랑스로 떠났다. 남아 있는 기록을 보면 전장의 헨리 5세는 진두지휘하는 스타일로 군대와 함께 동고동락했다.

당시 참전한 기사, 용병들 상당수는 바가지 머리를 하고 있었다. 십자군 원정에 참가하지 않은 이가 바가지 머리를 하고 전장에 서는 것은 금

16세기 오거스틴 수도회(상), 17세기 도미니칸 수도회(하)의 수도사 모습. 모두 바가지 머리를 하고 있다.
ⓒ위키미디어커먼스

바가지 머리

위에서부터 차례대로 1944년, 1989년, 2019년의 《헨리 5세》 영화. 공통점은 바가지 머리이다. ⓒKMDb

기시되는 분위기였지만, 어쨌든 영국 입장에서 프랑스 공격은 또 다른 십자군 원정 아닌가. 헨리 5세의 바가지 머리는 참전자들에게 동질감을 불러일으켰을 것이다.

바가지 머리의 재탄생 : 독일군의 두발 기준

바가지 머리는 제2차 세계대전기 독일군 병영에서 재탄생했다. 독일군 수뇌부 일부가 세계 구원을 위한 신의 계시를 받았다고 믿었다니 자신들이 십자군의 재현이라고 믿었을지도 모르겠다.

독일군도 십자군이 했던 것처럼 바가지 머리를 했다. 독일군의 바가지 머리는 특유의 전투 중심 사고에서 비롯된 것이었다. 전반적으로 짧게 잘라 육박전에서 적에게 잡히지 않게 하되 두부 충격을 줄일 수 있도록 위쪽 머리카락은 남겨두었다.

독일군 두발 기준은 바가지 머리보다는 오늘날 '언더컷undercut'에 가까웠다. 우리에겐 '상고머리'라는 명칭이 더 익숙하다. 그렇다면 우린 왜 이걸 '상고머리'라고 부르게 되었을까?

제2차 세계대전 당시 두발 기준을 제시한 팸플릿의 일부 ⓒdererstezug.com

상고머리

우리 언론에 '상고머리' 표현이 처음 등장한 것은 1920년 전후일 것으로 추정된다. 1921년 7월 19일자 《동아일보》 기사에 '서부이발조합'이 '리

제2차 세계대전기 독일군 병사들을 찍은 사진. 다들 언더컷을 하고 있다. ⓒdererstezug.com

발료'를 내려서 '하이칼나'나 '상고머리'는 삽십오 전으로 한다는 내용이 있다. 한편 1930년 4월 6일자 《동아일보》에는 이런 기사도 있다.

"개화 의류 행풍은 머리에서부터 불기 시작하얏다. 반만년래 변함업시 지켜오든 '상투'를 짧고 왜머리 총각의 것 부수시하든 머리를 깍가버리게 되자 머리 우에 해괴한 그 류행은 참으로 가관이엇다. 물론 삭발 초긔에 잇서서는 목탁 중 모양으로 발가케 깍거 그대로 현저한 류행이 업섯지만 지금으로부터 약 십년을 전후 하야서는 일시 머리 우를 평평히 하고 압니마 우의 머리털만을 길게 기른 소위 '상고 머리'라는 것이 대류행이엇다. 이 상고 머리야말로 (중략) 그 류행에는 눈살을 찌푸리고 그의 비위를 상케 하얏든 것이다."

그러니까 일제 강점기 단발령 이후에 '개화'란 명목으로 부는 유행 중에 '상고머리'가 있는데 그 유래나 모양새가 당대인들의 눈살을 찌푸리게, 비위를 상하게 했다는 것이다. 당시의 관점에서는 상고머리, 요즘의 언더컷, 중세의 바가지 머리가 보기 흉했을 수 있다.

이러나저러나 궁금한 것은, '상고머리'라는 표현은 어디에서 왔을까? 지금까지 가장 그럴싸한 추론은 우리말과 일본어의 합성어로, '윗머리(上)를 5(ご)센티미터 길이로 자른다'는 뜻이라는 것이다. 세간에 한때 '상업 고등학교 학생들이 한껏 멋을 낸 머리라서 상고머리라고 한다'고 알려졌으나 근거 없는 낭설이다.

14 와치 캡

해군 털모자 와치 캡

미 해군의 털모자 와치 캡

잘 모르는 사람은 이것을 털모자, 조금 아는 사람은 비니라고 부를 것이다. 그러나 정확한 명칭은 '와치 캡watch cap'이다. 우리말로 하면 '(경계)근무 모자' 쯤 된다. 영국에서 선원들이 쓰던 양털 모자를 미 해군이 받아들여 1930년대부터 군용품으로 보급했다.

미 해군 복제 규정에 제시된 표준 와치 캡(좌). 군장 전문 제조업체 로스코에서 판매하고 있는 와치 캡(우) ⓒ아마존

영국 웨일스 먼머스 지방의 먼머스 캡

와치 캡의 역사를 따라 올라가면 영국 웨일스 먼머스 지방의 특산품 '먼머스 캡Monmouth cap'과 만난다. 14세기경 양털로 특산품을 제조 판매하는 먼머스 길드원이 양털 모자를 유니폼처럼 쓰고 다녔는데 사람들은 이를 '먼머스 캡'이라 불렀다.

15세기 초에는 먼머스 캡의 유행이 웨일즈 지방 전체로 퍼져 노동자의 겨울 필수품 비슷한 것이 되었다. 15세기 말 쯤이 되자 먼머스 캡의 유행이 잉글랜드 전체로 번졌다. 양털로 된 고급 먼머스 캡을 선물로 주고받는 장면이 셰익스피어의 《헨리 5세(1600)》에 등장하기도 한다.

잉글랜드 성인 남성 대다수가 겨울에 먼머스 캡을 쓰자 관련 산업이 크게 번창했다. 웨일즈에는 외국에서 들여온 모자(혹은 외국산 재료로 만든 모자)를 쓸 수 없다는 칙령이 내려지기도 했다. 16세기부터는 유사한 칙령이 여왕령으로 잉글랜드 전 지방에 하달되었다.

16세기 먼머스 캡
ⓒ넬슨박물관홈페이지

먼머스 캡을 가장 유용하게 사용한 것은 아마도 군인과 선원이었을 것이다. 양털로 만든 두툼한 먼머스 캡을 쓰고 있으면 충격과 추위로부터 두부를 보호할 수 있었다.

먼머스 캡은 오늘날까지 15세기경의 디자인과 제작 방식을 유지한 것이 생산 판매되고 있다. 앞의 사진은 16세기에 만들어진 먼머스 캡이다. 우하단에 있는 작은 고리는 먼머스 캡을 집거나 걸기 위한 것이다.

먼머스 캡에서 와치 캡으로

후일 먼머스 캡으로부터 다양한 털모자가 분화되는데 그중 하나가 '와치 캡'이다. 1930년 미 해군이 수병에게 울로 만든 털모자를 나눠주면서 '와치 캡'이라 이름 붙였다.

와치 캡의 외형적 특징은 한 눈에 보기에도 머리에 딱 맞는 것이다. 그리고 모자 높이 치수(접었을 때 24cm)가 너비(25cm)보다 작다. 높이가 낮고 머리에 딱 맞아야 쉽게 벗겨지지 않고 여차하면 그

미 해군 와치 캡(1930년 모델) 재현품 ©the-rising.co.jp

위에 전투 헬멧 등을 쓸 수 있기 때문에 그렇게 만들었다.

와치 캡은 제2차 세계대전 관련 수집가들에게 인기 높다. 우측 사진

중 상단은 약 700달러에 경매된 제2차 세계대전 당시 실물이다. 하단은 보존 상태가 좋지 않은데 거래가는 약 200달러 안팎이다.

제2차 세계대전기 미 해군이 쓰던 와치 캡 실물 ⓒ이베이

제1차 세계대전 사진첩에서 보이는 이것은?

미 국립문서기록관리청 기록 사진 중 다음과 같은 것이 있다. 신문을 받기 위해 선상에 몰린 미 해군 수병들의 모습을 찍은 것인데 촬영연도는 1918년으로 되어 있다.

상 1918년 미 해군 펜실베니아호 선상에서 촬영한 사진 ⓒhistorycollection.co
하 제1차 세계대전 발발 이전 미 해군의 모습. 모두 '플랫 햇flat hat'을 쓰고 있다. ⓒ미국립문서기록관리청

그런데 사진을 자세히 보면 수병들이 와치 캡을 쓰고 있다. 미 해군이 와치 캡을 보급한 것은 1930년부터라고 되어 있는데 어떻게 된 일일까? 결론부터 말하자면 위 사진 속 수병들이 쓰고 있는 것은 영국 해군으로부터 받은 먼머스 캡이다.

1800년대 말부터 영국 해군은 선상 활동에 적합하게 개량한 먼머스 캡을 비공식 동계 피복으로 지급했다. 비공식이란 복제 규정에 포함되진 않았지만 필요에 의해 정부 예산으로 구매하여 나눠주었단 뜻이다.

한편 1918년 미국이 뒤늦게 제1차 세계대전에 참전했을 때 미군은 유럽에서 전쟁을 할 준비가 되어 있지 않았다. 무엇보다 미 본토에 있는 무기, 장비, 물자가 도착하는 데 시간이 생각보다 많이 소요되었다. 그래서 참전 초기 미군은 프랑스군과 영국군의 무기 등을 받아썼다. 영국 해군의 개량형 먼머스 캡도 그중 하나였다.

좌측 아래 사진을 보면 전쟁 발발 전 미 해군 수병들은 모두 플랫 햇을 쓰고 있다. 그러나 전쟁 이후 수병들은 어떠한가. 아래 사진을 보면 대부분 먼머스 캡을 쓰고 있다. 전쟁 통에는 규정이나 방침보다 편리와 실용이 앞선다.

제1차 세계대전 초기 미 해군 수병들의 모습. 다들 개량형 먼머스 캡을 쓰고 있다. 맨들맨들한 것이 옷보다도 새것이다. ⓒheddels.com

제1차 세계대전 이후 미 해군은 규정과 방침을 정비했고 전시에 매우 유용했던 영국 해군의 먼머스 캡을 복제 규정에 포함시켰다. 이것이 1930년부터 미 해군 수병에게 보급된 와치 캡이다.

스티브 맥퀸과 디 에지의 와치 캡

요즘 세대는 영화배우 스티브 맥퀸(1930~1980)을 고급 시계 모델로만 알고 있을 것이다. 백화점, 면세점에 가면 항상 아래 광고 사진 속 스티브 맥퀸을 만날 테니 말이다.

스티브 맥퀸을 모델로 활용한 태그호이어의 광고 사진 ⓒ태그호이어홈페이지

스티브 맥퀸은 당대 최고 개런티를 받는 배우이자 패션을 선도하는 패셔니스타였는데 밀리터리 룩의 선구자이기도 했다. 미 해병대에서 복무했던 그는 전역 후에도 군복을 즐겨 입었다.

아래 사진에서 쓰고 있는 것은 미 해군, 해병대 정식 보급품 M11941 와치 캡이다. 미 해병대도 썼던 M1 전투 헬멧과 함께 나온 것이다. 군필자답게 와치 캡을 제대로 썼다. 스티브 맥퀸처럼 일자로 눈썹 위까지 오도록 써야한다.

M11941 와치 캡을 쓰고 있는 스티브 맥퀸 ⓒIMDb

와치 캡

175

U2의 기타리스트 디 에지가 와치 캡을 쓴 모습 ⓒIMDb

U2의 기타리스트 디 에지도 와치 캡을 애용하는데 눈썹 위에 일자로 오게 제대로 쓰고 다닌다. 활동명 'The Edge(모서리, 날카로운)'가 그의 와치 캡 쓰는 스타일에서 왔다는 얘기도 있다.

최근에 드라마를 보니 와치 캡을 쓴 인물이 하나 눈에 띄었다. 《이태원 클라쓰》작중 인물인 최승권, 바닥에서 올라온 조폭 출신 종업원이다. 원작 웹툰에는 단발머리로 나오는데 드라마 속 와치 캡 스타일도 잘 어울렸다.

스티브 맥퀸이나 디 에지처럼 앞부분이 이마를 가리고 눈썹 위에 오도록 쓰면 더 좋았을까? 잘 모르겠다. 실제 미 해군 수병들은 우측 사진에서처럼 이마가 훤히 보이게 뒤로 젖혀 착용했다.

제2차 세계대전 당시 외출 복귀하여 승선을 기다리고 있는 미 수병의 모습 ⓒheddels.com

와치 캡

와치 캡의 복고

최근 밀리터리 룩, 빈티지 룩, 복고 유행이 만나 오래 된 군대의 복제가 민간 패션의 유행으로 재탄생하고 있다. 와치 캡도 그중 하나이다. 2019-2020 시즌에 유행했던 와치 캡과 패션의 매치는 대략 다음과 같다.

와치 캡-패션 매칭의 바람직한 사례 ©permanentstyle.com

15 뮈스카댕

뮈스카댕과 앵크루아야블, 그리고 나폴레옹

프랑스 혁명과 공포 정치

프랑스 혁명이 끝나고 '몽테뉴montagne; 산악' 파의 막시밀리앙 로베스피에르Maximilien François Marie Isidore de Robespierre가 권력을 잡았다. 프랑스 제1공화국 원수가 된 그는 반대파에 대한 무자비한 숙청을 지속하며 '공포 정치'를 이어나갔다.

프랑스 혁명을 주도한 집단 모두가 공포의 방식을 지지하진 않았다. 로베스피에르 숙청의 칼날이 혁명 동지들에게도 겨눠지자 복수를 다짐하는 이들이 늘었다. 1794년 초부터 반反 로베스피에르 세력이 규합했다. 마침내 폴 바라스Paul Barras 등의 인물이 주동이 되어 1794년 7월 27일 로베스피에르파를 습격했다. 습격자들은 다음 날인 7월 28일 로베스피에르

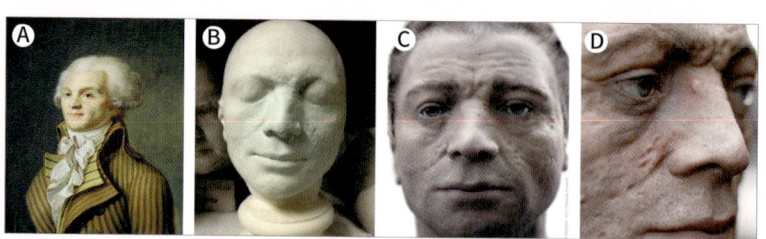

초상화(A)와 데스마스크(B)를 통해 재구성한 로베스피에르 두상(C, D) ⓒthelancet.com

등 18명의 혁명 주동 세력을 처형했다.

혁명, 반동 그리고 테르미도르

폴 바라스 등 습격자들을 사후적으로 '테르미도르thermidorienne; 열월' 파라 불렀다. 테르미도르 파는 혁명 중심에 있던 몽테뉴 파 이탈자 혹은 축출자들이었다. '테르미도르'는 프랑스 '혁명력革命曆'의 '제11월'로, 지금으로 따지면 '7월 19일~8월 17일'에 해당한다. 폴 바라스 등이 습격에 성공한 7월 중순을 기념하면서 이를 정파 명칭으로 사용한 것이다.

테르미도르 파가 로베스피에르 등 혁명 주도 세력을 습격하고 정국을 뒤집은 것을 '테르미도르 반동réaction thermidorienne'이라 부른다. 테르미도르 반동 참여자 중에는 유복한 집안 젊은이들이 많았다. 로베스피에르가 영주의 세습을 금지하고 부정축재와 사치하는 자를 처단했기 때문에 귀족가 자제 상당수가 반감을 가지고 있다가 습격에 가담했던 것이다.

반동에서 반-패션으로

1794년 테르미도르 반동에 참여한 귀족가 자제들은 로베스피에르 방식의 혁명에 공공연히 불만을 터뜨렸다. 불만 표출의 방식 중 하나는 반혁명적 패션이었다. 로베스피에르가 표방한 세습 금지와 사치 처단을 비웃기라도 하듯, 최고급 원단으로 넓게 재단한 깃과 장식을 잔뜩 넣은 과장된 옷을 입었다. 즉, 반동의 의지를 반-패션으로 표현한 것이다.

　귀족가 자제들의 패션은 로베스피에르뿐만 아니라 혁명에 가담한 민중인 '상-퀼로트sans-culotte'에 대한 부정도 담고 있었다. '상-퀼로트'는 '퀼로트를 입지 않은 사람'이란 뜻으로 당시 프랑스 혁명을 추진한 민중, 특히 무산 계급을 지칭하는 것이었다.

루이 브와이유Louis-Léopold Boilly의 1792년 작, 《상-퀼로드를 입은 가수 슈나르》 ⓒgallerix.org

그리하여 테르미도르 반동 이후 반-패션의 필수 아이템이 다음과 같이 정립되었다.

- 깃을 과도하게 넓게 만든 프록코트
- 화려한 원색으로 된 크라바트cravate
- '스키니 룩'처럼 딱 맞는 퀼로트culottes
- 고급 소가죽으로 만든 단화

프랑스 반동 세력의 복장 뮈스카댕

사람들은 화려하고 이상한 옷을 입고 다니는 반동파 귀족 자제들을 '뮈스카댕muscadin'이라 불렀다. 뮈스카댕은 이탈리아어 '모스카르디노moscardino'에서 온 것으로 우리말로 하면 '뺀질이' 쯤으로 해석할 수 있다. '뮈스카댕'은 이들이 입고 다니는 반-패션과 동의어이기도 했다.

1794년 3월, 그러니까 테르미도르 반동 이전에 프랑스의 한 신문이 묘사한 뮈스카댕은 다음과 같다.

"그들은 허식으로 가득한 우스꽝스러운 옷을 입고 더러운 스타킹을 겉으로 내놓았으며 한껏 수염을 길렀다. 이들은 극장에 모여 긴 칼을 찬 채 선량한 시민들을 위협하며 특히 의회 의원들에게 지독하게 군다."

그러나 테르미도르 반동 이후 사람들은 더 이상 뮈스카댕에 대한 비판이나 조롱을 할 수 없었다. 그것은 뮈스카댕들이 들고 다녔던 '코스티투시옹constitutions' 때문이었다. 납을 넣어 무겁게 한 나무 봉으로 우리말로 하면 '법봉' 정도가 좋을 듯하다. 뮈스카댕은 테르미도르 반동 당시 이

당대 뮈스카댕을 묘사한 다양한 삽화들 ⓒ영국국립박물관홈페이지

뮈스카댕

법봉을 로베스피에르파 습격에 썼고 이후에도 자신들의 상징 삼아 들고 다녔다.

뮈스카댕의 후계자 앵크루아야블

테르미도르 반동이 성공하고 그 주축이었던 뮈스카댕이 힘을 얻자 조롱의 의미가 담긴 '뮈스카댕'이란 표현을 더 이상 쓸 수 없었다. 그래서 사람들은 '뮈스카댕' 대신 '앵크루아야블Incroyables'이란 표현을 썼다. '대단한, 놀라운, 기발한incredible'이란 뜻이다.

당대 앵크루아야블을 묘사한 삽화 ⓒ영국국립박물관 홈페이지

앵크루아야블의 특징

앵크루아야블의 패션을 자세히 들여다보자. 좌측 사진 속 인물의 패션은 얼핏 보면 그저 감각 좋은 멋쟁이의 옷차림으로 보인다. 그러나 확대해 보면 현대 대도시에 나타나도 당장 주목받을 것 같은 독특함으로 가득하다.

삽화 속 우측 인물의 확대도

1) 2각모

당장 눈에 띄는 것은 모자다. 오늘날 우리가 알고 있기로 저 모자는 일명 '나폴레옹 모자'라고도 하는 '2각모 bicorne'이다. 나폴레옹은 전장에서 항시 2각모를 쓰고 다녔다.

그런데 나폴레옹이 왜 2각모를 쓰고 다녔는지, 2각모의 유래는 무엇인지에 대해서는 잘 알려져 있지 않다.

2각모를 쓰고 있는 나폴레옹. 상단 그림 배경을 보면 다른 장병들도 2각모를 쓰고 있다. ⓒnew.qq.com

독일역사박물관에서 소장하고 있는 나폴레옹 2각모 ⓒageofrevolution.org

    나폴레옹은 대략 1800년경부터 프랑스 혁명의 상징인 3색 코케이드 cockade 장식을 한 2각모를 썼다고 한다. 프랑스 혁명의 주역인 평범한 사람들에게 동질감을 주기 위해서였다. 3색 코케이드는 바스티유 감옥 습격 사건에 참가한 혁명 주동 시민의 상징이었다. 그리고 2각모는 다름 아닌 테르미도르 반동에 참가한 뮈스카댕(앵크루아야블)의 상징이었다. 그러니까 나폴레옹은 프랑스의 젊은 세대 중 혁명 세력과 반동 세력 모두를 자신의 편으로 만들고 싶어했던 것이다.

    다음 사진 중 상단의 것은 나폴레옹이 실제 썼던 2각모이고, 하단의 것은 앵크루아야블의 2각모를 그린 삽화이다. 둘 사이에 차이점이 거의 없다.

나폴레옹(상단)과 앵크루아야블(하단)의 2각모. 참고로, 상단의 것은 국내 기업 회장이 경매를 통해 구입·소장 중이다.
ⓒ연합뉴스

    그렇다면 2각모는 어떻게 탄생했을까? 로베스피에르를 적으로 규정하고 반동을 준비하던 뮈스카댕(앵크루아야블)이 챙 넓은 모자를 구기고 지나가는 마차 바퀴 아래에 집어넣어 반으로 접어 쓰기 시작했다. 로베스피에르가 살아생전 쓰던 챙이 넓은 모자brimmed hat를 훼손하여 쓰고 다니는 일종의 시위였다. 여기에 더하여 찌그러지고 접힌 모자에 프랑스 혁명의 상징인 3색 코케이드를 달았다. 그러하니 이것은 일종의 반-로베스피에르, 반-혁명 모자였던 셈이다.

피에르 로슈 비뉴롱Pierre Roch Vigneron의 1860년 작, 《막시밀리엥 드 로베스피에르》. 챙이 넓은 모자를 들고 있다. ⓒfineartamerica.com

2) 분 뿌린 가발을 길게 늘어뜨린 산발

머리 스타일도 마찬가지이다. 앞 사진에서 보듯 로베스피에르는 분을 뿌린 귀족 가발을 썼는데, 앵크루아야블은 로베스피에르를 포함한 귀족에 대한 조롱, 저항의 표시로 분 뿌린 가발을 헝클고 늘어뜨려 산발을 하고 다녔다.

앵크루아야블의 산발한 머리. 그냥 머리를 산발한 것이 아니고 귀족용 분 바른 가발을 잡아당기고 쥐어뜯어 저렇게 만들었다.

흥미롭게도 이 산발 머리 스타일이 나중에 프랑스 성인 남성의 표준 머리스타일이 된다. 오른쪽 그림에서처럼 나폴레옹도 젊었을 때는 이 머리를 했다.

3) 옷자락을 코트 밖으로 내놓기

옷자락을 코트 밖으로 내놓은 것은 로베스피에르가 공포 정치를 단행한 기간 동안 프랑스인들에게 가해진 각종 규제에 대한 저항이었다.

앙투안 장 그로Antoine-Jean Gros의 1801년작, 《아르콜 다리 위의 보나파르트》 ©ageofrevolution.org

옷자락 뿐만이 아니다. 목에 맨 크라바트도, 스타킹도 밖으로 내놓았다. 여기에 더하여 겉으로 내놓은 옷이나 스타킹에 시커먼 때가 꼬질꼬질할수록 멋있는 것으로 치부했다. '그게 무슨 멋이냐. 이해할 수 없다'고 생각하는 분이 있을 것이다. 그러나 시커먼 때가 묻은 옷을 입고 다니는 것은 현재에도 유행 중이다.

'때 묻은 신발' 콘셉트로 대박을 친 신발들. 사진 속 신발 모두 신상품이며 모두 고가의 명품이다. ⓒ아마존

4) 복장의 각 부위를 과장하기

앵크루아야블은 크라바트, 깃, 소매, 바지 매듭의 크기를 한껏 과장하고 곳곳에 원색과 줄무늬를 넣었다. 기록을 보면 앵크루아야블이 '크라바트를 얼굴과 목 주변에 둘러서 마치 갑상선염 환자처럼 보이게 했다'고 되어 있는데 이는 매우 흥미로운 지적이다.

앵크루아야블의 과장된 복장을 풍자한 삽화들 ⓒ영국국립박물관홈페이지

약 11세기경부터 프랑스인들은 프랑스 왕이 '연주창'으로 통칭되는 갑상선염, 임파선염을 고치는 능력이 있다고 믿었다. 왕이 민가를 돌며 연주창에 걸린 환자들을 만지고 성호를 긋는 것은 중요한 행사 중 하나였다. 그러니까 앵크루아야블이 갑상선염 환자를 연상시키는 복장을 한 것은 왕권의 신성에 대한 부정이었던 셈이다.

비슷한 맥락에서 일반의 상식에 배치될 정도로 깃, 소매, 바지 매듭의 크기를 늘린 것, 서로 배치되는 원색과 어울리지 않는 줄무늬를 넣은 것 또한 프랑스 왕정의 역사와 제도를 부정하는 의미가 있었다.

유진 램소니우스의 1795년 작, 《앵크루아야블》 ©utpictura18.univ-montp3.fr

안드로메다로 날아간 패션, 메르뵈이외즈

앵크루아야블의 패션은 그야말로 파리에 폭발했다. 혁명, 공포, 반동으로 이어진 사회의 격동을 지나 응축된 파리인의 감정, 상상력이 패션을 통해 펼쳐지기 시작했다.

앵크루아야블의 파격적 이미지는 여성 패션에도 영향을 미쳤다. 그래서 탄생한 것이 '메르뵈이외즈Merveilleuses'이다. '메르뵈이외즈'의 뜻은 '믿기 어려운, 기묘한, 초자연적인marvelous'이다. 아래 삽화 좌우에 선 여인이 바로 메르뵈이외즈이다.

해당 삽화는 초기의 것이고 후기로 가면 사회적 금기를 죄다 어기려고 만들어 입은 것 같은 복장을 입고 사교 모임에 나타나는 메르뵈이외즈도 있었다.

앙투안 베르네Antoine Charles Horace Joseph Vernet의 1795년(추정) 작,《메르뵈이외즈》ⓒ영국국립박물관홈페이지

메르뵈이외즈의 특징과 의미

메르뵈이외즈의 두드러진 특징은 첫째, 투명성이었다. 기존 여성은 속옷인 슈미즈 드레스chemise dress 위에 코르셋corsets, 치마를 위로 띄워주는 파니에panniers, 그 위에 다시 속치마인 페티코트petticoat를 입고 비로소 드레스를 입었다. 메르뵈이외즈는 여성을 구속하는 복식 제도에 대한 저항의 표시로 투명성을 택한 것이다.

둘째, 단순성이다. 당대 여성의 옷은 여러 가지 옷을 겹겹이 입은 데다 몸의 관절이란 관절 부위를 온통 끈으로 묶고 여기저기에 주름, 레이스를 달아 불편하기 이를 데 없었다. 메르뵈이외즈는 조이고 묶는 것들을 제거하고 레이스를 없앤 단순하고 편한 패션을 추구했다.

메르뵈이외즈의 투명성과 단순성은 나중에 신체 부위를 옷 밖으로 드러내는 극단적 형태로 나타나기도 했다. 다음 그림에서처럼 투명성을 추구하는 정도를 넘어 가슴 부위와 다리의 맨살을 드러낸 것이다.

작자, 연도 미상 삽화. 사교 모임에 참석한 메르뵈이외즈를 그렸다. ⓒwww.laits.utexas.edu

알버트 린치Albert Lynch의 1887년 작,《정숙녀와 메르뵈이외즈들》©en.wahooart.com

아래 삽화 속 메르뵈이외즈는 얼굴을 장식으로 가리고 가슴과 엉덩이를 드러냈다. 풍자화의 대가였던 화가의 화풍을 고려해볼 때 과장이 더해진 것이겠지만, 당대인들의 인식 속에는 저렇게 그려졌을지도 모르겠다.

조지 크룩생크 George Cruikshank의 1799년 작, 《겨울 드레스를 입은 파리의 여인들》
ⓒ영국국립박물관홈페이지>

메르뵈이외즈와 마돈나

전쟁, 혁명, 독재, 숙청과 같은 폭압적 사회 현상이 나타날 때마다 문화는 출렁인다. 메르뵈이외즈는 인간을 억압한 중세 종교 시대, 세상을 뒤집은 프랑스 혁명, 1년 남짓 동안 4만 명을 처형한 공포 정치기 동안 참고 참았던 프랑스 여성의 비명이 패션을 통해 터져 나온 것이었다.

그런데 문화, 패션에 관심이 많은 이라면 메르뵈이외즈 삽화를 보자마자 즉각 특정 인물과 그의 패션을 떠올렸을 것이다. 바로 냉전이 한창이던 1984년 팝 음악계에 혜성처럼 나타난 마돈나다. 그녀는 핵에 의한 인류 공멸의 공포가 일상화된 냉전 시대에, 사회적으로 터부시 여기던 주제, 소재를 노래와 퍼포먼스에 담았다. 그녀가 십자가 목걸이를 건 채 신체를 드러낸 옷을 입고 섹스어필한 춤을 출 때 미국 언론은 그녀를 '마녀, 창녀'라 불렀다. 이는 마돈나 그 자신의 말이다.

청교도적 도덕관과 정치적 보수성이 복고한 1980년대 미국 사회는 그녀를 비판의 대상, 사회악으로 보았다. 이는 테르미도르 반동 이전의 프랑스 사회가 뮈스카댕을, 메르뵈이외즈를 대했던 태도를 연상시킨다.

마돈나는 한 공연에서 중세 시대의 억압된 패션과 현대에도 없는 파격 패션을 동시에 보여주는 퍼포먼스를 자주 연출했다. ⓒfashion.telegraph.co.uk

마돈나가 선보인 가장 파격적인 무대의상 중 하나 ⓒfashion.telegraph.co.uk

16 | 하디 햇

왼쪽이냐 오른쪽이냐 그것이 문제로다.
한쪽 챙을 올려붙여 쓰는 하디 햇

한 장의 사진을 통해서 알 수 있는 것

다음 사진은 '남북전쟁기에 촬영한 한 소년병의 사진'이다. 다른 설명은 없다. 그러나 사진 속 복장을 통해 몇 가지 사실을 유추할 수 있다.

소년병의 병과는 보병이다. 모자 정면에 붙어 있는 나팔 모양 부착물이 당대 보병 상징이었다. 한쪽 챙을 통에 올려붙인 것이 매우 독특한 이 모자는 북군의 것이었다. 명칭은 '하디 햇Hardee hat'으로 1858년 복제 규정에 포함된 정모이다.

사진 속 소년병은 오른쪽 챙을 모자 통에 올려붙였지만 보병이라면 왼쪽 챙을 올려붙여야 한다. 자세히 들여다보면 이 사진의 좌우가 반전되

남북전쟁기 한 소년병의 사진 ⓒ아마존

었다는 것을 알 수 있다. 보병 총기 기본 휴대법인 '어깨 총'은 총기를 왼손으로 잡아 왼 어깨에 붙이는 것인데 반대로 되어 있다. 사진을 원래대로 돌려놓으면 오른쪽과 같다.

좌우를 반전시켜 놓고 보면 다른 것도 눈에 들어온다. 보병 병과 상징

반전된 좌우를 다시 돌려놓은 사진. 하디 햇의 왼쪽 챙이 올라가 있고, '어깨 총'을 제대로 왼쪽에 하고 있다. ⓒ아마존

인 나팔이 제대로 오른쪽 위를 향해 있다. 상의 왼쪽이 위로 올라오는 남성복 여밈법도 제대로 되어 있다. 다음 사진 속 하디 햇과 프록코트는 남북전쟁기 북군 병사가 착용했던 실물이다.

하디 햇

북군 병사의 하디 햇과 프록코트 ⓒamericanhistory.si.edu

보병은 왼쪽 챙, 다른 병과는 오른쪽 챙을 올려붙인다

하디 햇의 왼쪽 챙을 통에 붙여 쓰는 것은 보병만의 전통이었다. 다른 병과는 모두 오른쪽 챙을 통에 붙여 썼다. 아래 사진처럼 말이다.

기마 보병(상단 좌), 기병(상단 우), 기마 소총병(하단 좌), 병기(하단 우). 모두 오른쪽 챙을 모자 통에 올려붙였다. ⓒdirtybillyshats.com

전시에 징집된 장병 중 정복을 갖추고 있는 이는 많지 않았다. 그래서 행사에 참가하거나 사진 촬영할 일이 있으면 정복을 빌려 입었다. 생전 처음 정복을 입는 이로서는 어느 쪽 챙을 모자 통에 붙여야 할지 알 수 없었다. 그래서 다음 사진처럼 오른쪽 챙을 모자 통에 잘못 올려붙이는 보병도 많았다.

남북전쟁기 북군 보병의 모습. 보병이니 왼쪽 챙을 올려붙여야 하는데 오른쪽 챙을 잘못 올려붙였다.
ⓒ위키피디아미디어커먼스

그렇다면 하디 햇은 어디에서 왔을까

하디 햇의 공식 명칭은 '1858년형 정모model 1858 dress hat'이다. 북군 정모였는데 처음엔 전쟁부 장관 제퍼슨 데이비스Jefferson Davis의 이름을 따서 '제프 데이비스'라고 부르다가, 나중에 미 육군사관학교 교장인 윌리엄 하디William Hardee 중령의 이름을 따 '하디 햇'으로 불렀다. 왜 장관 이름에서 중령 이름으로 옮겨 간 것일까?

윌리엄 하디는 1855년《보병 훈련 및 기동을 위한 전술》을 집필 발간했다. 당대 유럽 최신 전술을 미군 사정에 맞게 정리한 책이었다. 이는 즉각 육군 각 제대에 퍼져 교과서처럼 활용되었다. 책에서 제시한 전술은 '하디 전술Hardee's tactics'로 불렸다. 그렇다면 이 유명세 때문에 북군 정모의 명칭이 '하디 햇'이 된 것일까? 아니다.

윌리엄 하디 중령은 1856년부터 1860년까지 미 육군사관학교 학교장을 역임했다. 전술 서적을 집필한 사람답게 그는 모든 일을 원리원칙대로 처리했다. 규정 준수를 중시했는데 각종 행사 시뿐만 아니라 모든 영내 활동 시에도 생도들에게 정복을 입으라고 강조했다. 정복에는 물론 정모를 써야했다. 이것이 '1858년형 정모', 일명 '제프 데이비스'였다.

1858년형 정모는 딱딱하고 무거워 불편하기로 악명 높았다. 뜨거운 여름에 이 정모를 쓰고 있으면 가만히 있어도 땀이 줄줄 흘렀다. 그러니 분열 같은 제식 행사 때는 어떠했겠는가. 없는 욕이 절로 나왔을 것이다. 그래서 생도들은 이 욕 나오는 정모에 교장의 이름을 붙여 '하디 햇'이라 부른 것이다.

챙을 올려붙이지 않은 하디 햇 ⓒdigitalindy.org

17 | M1951 전투모

야구장에서 전장으로 간 모자

야구 태동기의 복장과 모자

야구의 태동기에, 미국 야구인들은 팀별로 복장을 통일해서 단정히 입었다. 야구를 규칙이 있는 신사의 게임이라고 생각했기 때문이다. 물론 프로 리그가 출범하기 전이어서, 복장에 관한 별도의 규정이 있었던 것은 아니었다.

선수들은 모자를 썼다. 이유는 관례와 실용 때문이었다. 야외에서 모자를 쓰는 관례는 야구장에도 적용되었다. 또한 챙이 있는 모자를 쓰면 경기 중 눈부심을 막을 수 있었다.

상 1849년 뉴욕 키커보커스 팀의 모습. 정장에 밀짚모자를 썼다. https://www.qilonyc.com/blog/2016/7/21/the-history-of-snapback
중 하버드대학 야구팀의 복장과 모자 https://sabr.org/gamesproj/game/october-7-1867-candy-cummings-debuts-curve
하 브라운대학 야구팀의 복장과 모자 브라운대학 박물관 홈페이지

브루클린 엑셀시어스의 새로운 팀 모자

1859년 브루클린 엑셀시어스Brooklyn Excelsiors 야구팀이 독특한 모자를 쓰고 야구장에 나타났다. 챙은 뭉툭하고 넓었으며 머리에 쓰는 버킷은 둥그런 돔 모양이었다. 버킷 중심에는 단추를 달았다. 당시로서는 획기적인 디자인이었다. 이전까지 야구인들은 중절모, 밀짚모자 혹은 그런 종류의 기성 모자를 개조한 것을 쓰고 다녔다.

'엑셀시어스 야구모'의 재현품 http://www.idealcapco.com/EB19BRK60.html

1859년 뉴욕 키커보커스 팀(좌)과 브루클린 엑셀시어스 팀(우)의 경기 후 찍은 사진 https://sabr.org/gamesproj/game/june-30-1859-caught-fly-knickerbockers-vs-excelsiors

19세기 말, 각 야구팀은 자신들만의 모자를 디자인하여 썼다. http://www.strictlyfitteds.com/blog/2008/07/baseball-cap-history

그런데 엑셀시어스가 쓰고 나온 것은 기존의 모자들과 완전히 달랐다. 야구만을 위해 개발한 '야구모(baseball cap)'였다. 격한 동작에도 벗겨지지 않았고 햇빛을 보다 효과적으로 막아주었다. 이에 다른 팀들도 하나 둘 유사한 모양의 야구모를 주문제작하여 쓰기 시작했다.

야구모 삼대장은?

시간이 흐르면서 다양한 소재, 디자인을 적용한 야구모가 나왔지만, 오늘날 세계 야구인들이 즐겨 착용하는 것은 대개 다음의 세 가지 중 하나이다.

1) 스냅백 모자 snapback cap

'스냅snap + 백back'은 말 그대로 '뒤에 똑딱 단추가 달렸다'는 뜻이다. 챙이 좁고 평평하며 버킷이 높다. 미국 프로야구 모자는 '뉴 에라New Era'사에서 독점 공급하는데, 뉴 에라 스냅백 모자의 모델명은 '9FIFTY'이다. 1954년에 처음 이 모델을 내놓았을 때 '브루클린 스타일의 복고풍'이라고 광고했었다.

스냅백 '9FIFTY' https://villagehats.wordpress.com/2014/07/16/the-styles-and-shapes-of-new-era/

2) 피티드 모자 fitted cap

'피티드 캡fitted cap'이란 '맞춤형 모자'라는 뜻이다. 뉴 에라 모델 '59FIFTY'가 그것인데, 자신의 머리둘레 등에 맞는 사이즈를 골라 쓰면 된다.

피티드 '59FIFTY' https://villagehats.wordpress.com/2014/07/16/the-styles-and-shapes-of-new-era/

3) 스트레치 모자 stretch cap

'스트레치stretch'라는 단어에서 알 수 있듯이 신축성이 있는 모자라는 뜻이다. 버킷의 뒤쪽을 신축성 있는 소재로 만들었다. 뉴 에라 모델은 '39FIFTY'이며, 다른 모델과 달리 처음부터 챙이 곡선으로 구부러져서 나온다.

스트레치 '39FIFTY' http://blog.eastbay.com/sports/baseball/extraordinary-lids-breakdown-six-different-new-era-caps/

야구모를 본뜬 전투야전모

우리가 흔히 '전투모field cap'라고 부르는 군용 모자는 '전투야전모 battle field cap'의 준말이다. 전투모의 시초는 1951년 미 육군이 보급했던 'M1951 전투모'로 알려져 있다. 그러나 이는 사실과 다르다.

제2차 세계대전기 미 육군은 각 부대별로 'HBT(헤링본 트윌herring-bone twill) 캡cap'을 재단 혹은 구입하여 썼다. 우리말로 하면 '능직모'가 되는데 별 뜻은 없었다. 1943년 M1943 계열 전투복 제작용으로 나온 '능직천'을 재단하여 모자로 만들었기 때문에 그렇게 부른 것이다. 아마 '남는 능직천으로 야구모처럼 생긴 모자를 만들어 쓰면 편하겠다'고 생각한 누군가가 그렇게 시작했을 것이다. 아래의 사진이 그 최초의 것 중 하나다.

1943년 미 육군 예하 공군 병사들이 쓰던 능직모. 야구모의 디자인을 쏙 빼 닮았다. 정식으로 보급된 것이 아니라 필요에 의해 자체 제작한 것이었다. ⓒ이베이

보스턴 스타일의 M1951 전투모

시간이 훌쩍 지나 한국전쟁이 한창이던 1951년 일명 'M1951 전투모'가 제작, 보급됐다. 그 모양은 우리가 일반적으로 알고 있는 야구모와는 달랐다. 다음에서 보는 것처럼, 여섯 개의 원단 조각을 입체적으로 이어

붙인 둥근 구球 형태가 아니라, 모자 위가 평평한 원통형이었다.

M1951의 디자인은 어디에서 유래했을까? 역시 야구모에서 찾을 수 있다. 1943년 미 육군 예하 공군이 썼던 둥근 구 형태의 능직모는 엑셀시어스 팀이 썼던 뉴욕 브루클린 스타일이고, 원통 모양의 M1951은 하버드대학 팀이 썼던 매사추세츠 보스턴 스타일이다.

다시 말하자면, 1951년에 미 육군이 채택한 전투모는 보스턴 스타일의 야구모 디자인을 차용한 것이라 할 수 있다.

① ② M1951 전투모 ⓒ이베이
③ 전쟁 당시 병사들이 착용했던 M1951 미 육군군사연구소
④ 하버드대학 팀이 썼던 보스턴 스타일 야구모 http://www.sports-memorabilia-museum.com/baseball-history/caps.shtml

리지웨이 모자

M1951 전투모는 장병들에게 인기가 많았다. 가볍고 편하며 유용했기 때문이다. 그러나 '구겨진 걸레 같은 모자'라는 악평도 있었다.

1953년 7월, 한국전쟁이 끝나자 미 육군 지휘부는 '군기가 빠져 보인다'는 이유로 "M1951 전투모 안쪽에 종이를 넣어 세우고 풀을 먹여 다림질한 후 쓰고 다니라"는 지시를 내렸다.

상
M1951 개량형 '산마루모' 재현품. 기본적인 디자인은 구형 M1951과 다르지 않다. https://www.pritzkermilitary.org/explore/museum/digital-collection/view/oclc/952059612
하
1953년 9월, 한국전쟁 포로 처리 회담장에서 '산마루모'를 쓰고 있는 미군의 모습 미 국립문서기록관리청

1953년 8월경부터는 모자 테두리가 뻣뻣이 선 '개량형 M1951 전투모'가 보급됐다. 산마루처럼 우뚝 솟은 모양이라고 해서 '산마루모ridge-way cap'라고도 했는데, 병사들은 '커피깡통모coffee-can cap'라고 불렀다. ('ridgeway cap'이란 별칭이 당시 유엔군사령관이었던 매튜 리지웨이 장군과도 연관이 있을 것이라는 추측이 있다. 이는 사실과 다르다. 리지웨이 장군의 성은 'Ridgway'로 'e'가 없었다.)

개량형의 M1951, '산마루모'는 모양이 우스운 데다가 쓰기도 휴대하기도 불편했다. 그래서 장병들은 구형의 M1951 전투모를 구하거나, '산마루모'의 테두리 심을 빼내고 구겨서 흐물흐물하게 만들어 썼다. 아래 사진에서처럼 말이다.

1963년 베트남 군사고문관으로 현지에 파견된 미군의 모습. 좌측 인물은 구형 M1951을 쓰고 있다. 우측 인물은 테두리심을 뺀 '산마루모'를 쓴 것으로 추정된다. https://olive-drab.com/od_soldiers_clothing_m1951_cap_field.php

브루클린 스타일의 전투모

1962년 베트남과 같은 열대 기후에 적합한 '열대 유니폼(tropical uniform)'이 보급됐다. 열대 유니폼의 전투모는 기존의 보스턴이 아닌 브루클린 야구모 스타일이었다.

야구모 스타일 전투모는 구형 M1951의 장점과 '산마루모'의 외형적 특성을 고루 갖추고 있었다. 그래서인지 1980년 육군이 '전투복제규정'을 일제 정비하기 전까지 약 20년을 장수했다.

1966년 베트남에서 전투모를 쓰고 적재 작업을 하고 있는 미군 병사들
https://olive-drab.com/od_soldiers_clothing_cap_field_hotweather.php

전투모를 쓴 베트남원조사령부 부사령관 진 엥글러 장군의 모습. 1967년 미 육군군사연구소

18 부대 마크

부대 마크의 유래와 변천

중세 기사들의 유니폼, 무장 외투

'코트 오브 암즈coat of arms'는 '문장紋章'으로 번역하지만, 직역하자면 '무장 외투'이다. 그 유래를 알면 왜 '무장 외투'라는 호칭이 등장했는지, 그리고 왜 '무장 외투'가 나중에 '문장'과 같은 뜻이 되었는지 이해할 수 있다.

중세 기사는 자신이 속한 가문의 '문장'이 새겨진 천을 걸치거나 두르고 '마상창 시합'에 출전했다. 이것을 원래는 '크레스트crest'라고 불렀다. 중세 기사의 시합 결과는 가문의 재력과 무력을 상징하며 명예와 직결됐다. 따라서 기사들이 걸치거나 두르는 문장도 더 화려해지고 커졌다.

나중에는 문장을 걸치고 두르는 수준이 아니라 머리부터 발끝까지,

상 중세 마상창 시합을 재현한 장면 https://www.onefam.com/blog/meanings-of-colors-in-a-family-crest
하 중세 기사들은 위와 같이 '코트 오브 암즈coat of arms'를 입고 자웅을 겨루었다. https://www.thoughtco.com/knight-last-name-meaning-and-origin-1422543

그것도 모자라 말의 전신을 감싸는 것이 되었다. 그래서 이것을 '무장(에 걸치는) 외투' 즉 '코트 오브 암즈'라고 불렀다.

13세기경부터 기사와 말에 '코트 오브 암즈'를 착용시키는 것이 크게 유행했다. 사람들은 어떤 가문의 '문장'을 '크레스트'라고 부르는 대신 '코트 오브 암즈'라고 부르기 시작했다. '크레스트'는 그중 가문을 표상하는

'머리장식'이란 뜻으로 축소됐다.

재력, 무력, 명예의 상징인 문장은 이후 가문의 정통성, 가치관, 역사성이 담긴 것으로 점차 발전했다. 그리하여 17세기경의 문장은 통상 다음과 같은 구성요소, 의미를 공통적으로 담았다.

위의 것은 영국 왕실의 문장이다. 이 전체를 '코트 오브 암즈'라고 불렀다. ①은 '크레스트'이다. 투구, 머리장식 상단에 사용하는 가문 상징이다. ②는 '헤럴드리heraldry' 혹은 '헤럴딕 디자인heraldic design'이라고 불렀는데 '부대部隊 문장'이라고 할 수 있다. 마상창 시합, 전쟁에 나가는 기사들은 문장 중 이 부분만을 외투나 방패에 붙이거나 그리고 나갔다.

③은 일종의 '가훈'이다. "듀에 에이 몬 두아Dieu et mon droit"는 프랑스어로 "신과 나의 권리"라는 뜻이다. ④는 가문의 조력자를 상징한다. 내 가문에 큰 도움을 준 가문을 함께 표시한 것이다.

복잡하고 큰 '무장 외투'가 심플한 '부대 문장'으로

앞에서 언급한 것처럼 '부대 문장'은 원래 기사에게만 허락된 것이었다. 주로 방패형으로 디자인된 부대 문장에는 수호자, 보호자란 뜻이 함축되어 있었다.

13세기경부터는 부대 문장을 부대기에 사용했다. 교전이 잦아지고 무기 제작술, 용병술이 발전하면서 적과 아군을 명확히 구분하는 것이 중요해졌기 때문이다. 나중에는 용병 대장에게 착용을 허용했다. 전투를 위해 고용한 용병들은 부대기가 아니라 자신의 대장을 중심으로 모여 싸웠기 때문이다. 그러다가 결국 용병들도 자신을 고용한 가문의 부대 문장을 착용했다.

우수한 가문을 위해 싸운 명예의 증거로 용병들은 전투가 끝난 후에도 종종 부대 문장을 부착하고 다녔다. 그러면서 점차 특정 왕이나 영주의 편에 서서 해당 전투를 지원한 성직자, 부자, 마을 유지들도 건물이나 집 바깥에 부대 문장이 수놓인 기를 걸기 시작했다.

1475년에 사용된 버킹엄 공작 가문의 부대기 https://www.thoughtco.com/knight-last-name-meaning-and-origin-1422543

부대 문장이 들어간 배지의 등장

부대 문장은 15세기경부터 디자인, 크기, 색상이 어느 정도 통일됐다. 화려한 디자인은 단순하게, 큰 부착물은 작게 변모했다. 이것이 '배지heraldic badge'가 탄생한 배경이다.

배지는 천, 금속, 나무 등 다양한 소재로 만들어졌는데, 그중 허리에 차거나 품에 넣고 다닐 수 있는 휴대용 배지가 독특한 방향으로 발전했다. 이는 '나는 최소한 무기를 소지할 수 있는 자유민'이라는 것을 증명하는 패처럼 사용됐다. 배지를 소지할 수 있는 평민은 전투에 참전한 용병이거나 비전투원이지만 공을 세운 자(와 그들의 자손)에 한했기 때문이다.

부대식별표지와 어깨부착표지

중세 가문의 '문장'은 현대에도 유효하며 여전히 같은 목적으로 사용되고 있다. 이를 가장 잘 사용하고 있는 곳은 군대다. 군대에서는 문장을 첫째, '부대식별표지distinctive unit insignia; DUI'로 사용하고 있다. 미군 병사 베레모나 장병의 정복 가슴에 부착한다. 대대급 이상 부대(500명 이상 규모)는 각자의 부대식별표지를 가질 수 있으며 이를 규정된 복장에 착용할 수 있다.

둘째, '어깨부착표지shoulder sleeve insignia; SSI'로 사용하고 있다. 우리가 흔히 '부대 마크'라고 부르는 그것이다. 미군 장병의 전투복 좌측 어깨에 부착한다. 오른쪽 어깨에 부착한 것도 볼 수 있는데 이는 마지막 참전 당시의 소속 부대 어깨부착표지이다.

상 미 제2보병사단의 부대식별표지(좌)와 어깨부착표지(우). "SECOND TO NONE"은 " 항상 선봉에 선다"는 뜻이다. 미 육군군사연구소
중 미 주방위군 소속의 제173공수여단 예하 제143보병연대 장병의 모습. 베레모엔 연대의 표지를, 전투복 어깨엔 여단의 표지를 달고 있다. https://www.armytimes.com/
하 제143보병연대 표지(좌), 제173공수여단 표지(우) 미 육군군사연구소

어디서 많이 본 것 같은 이것은 누구의 문장일까?

왕실과 귀족 가문, 기사와 용병, 세계 각국의 군대는 자신의 전통, 가치관을 상징하는 문장을 부착해왔다. 그렇다면 아래의 것들은 어디의 누구를 상징하는 문장일까?

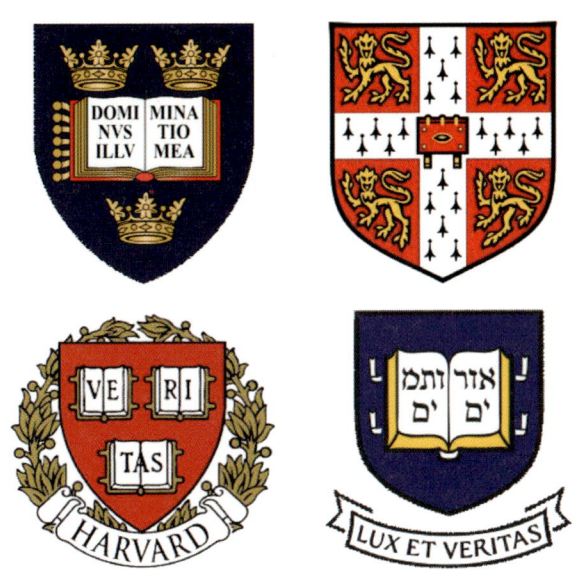

상단 좌측은 영국의 옥스퍼드대학교, 우측은 캠브리지대학의 문장으로 각각 15세기, 16세기에 디자인되었다. 하단 좌측은 미국의 하버드대학교, 우측은 예일대학교의 문장으로 각각 17세기, 18세기에 디자인되었다.

이들 문장의 공통점은 중앙의 '방패 문양'이다. 분명 중세 시대 기사들이 착용하던 '코트 오브 암즈coat of arms; 문장'의 구성요소를 갖추고 있다. 그렇다면 어떻게 해서 대학이 귀족 가문과 그들의 기사, 용병이 쓰던 문장을 자신의 상징으로 삼게 되었을까.

캠브리지대학 건물 곳곳에서 대학 문장을 볼 수 있다. @캠브리지대학

대학 문장의 유래는 중세 시대 그 영지를 소유했던 왕실과 귀족

캠브리지대학의 전신은 13세기 초에 설립된 성 요한 병원Hospital of St. John이었다. 성 요한 병원의 소유자는 마가렛 뷰포트Margaret Beaufort 여사였다. 마가렛 뷰포트는 서머셋 공작가의 무남독녀로 후일 두 번째 정략결혼을 통해 아들을 낳았는데, 그가 후일 헨리 7세가 된다.

공작가의 여식이자 왕의 어머니인 마가렛 뷰포트에겐 오른쪽 ①과 같은 문장 사용이 허락됐다. 그런데 이것은 그녀가 태어난 뷰포트 가문의 문장인 ②를 변형시킨 것이었다. 그리고 ③은 성 요한 병원이 내걸었던 문장으로, 소유자인 마가렛 뷰포트의 문장을 변형시킨 것이다.

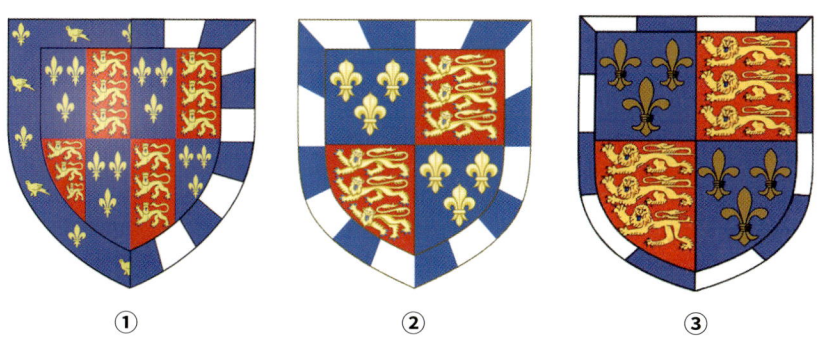

성 요한 병원은 이후 지역 교구에 인수되었다. 그리고 1470년 대주교 토마스 로더햄Thomas Rotherham이 이곳에 대학을 건립했다. 이것이 성 요한 대학St. John's College의 시작이다. 성 요한 대학의 문장은 아래와 같았는데 역시 뷰포트 가문으로부터 유래한 문장의 일부를 변형시킨 것을 알 수 있다.

성 요한 대학의 문장 @캠브리지대학

성 요한 대학은 번성하여 캠브리지(종합)대학으로 발전했다. 위상과 규모가 달라진 학교 측은 1573년 문장 교체를 요구했다. 문장 통제권한은 예나 지금이나 영국 왕실 예하의 문장담당관실Clarenceux King of Arms에 있다. 캠브리지대학의 문장 교체 요구는 받아들여졌다. 이때 현재의 캠브리지대학 문장이 새로 마련됐다.

1573년의 캠브리지대학 문장 인정서 http://www.ngw.nl/heraldrywiki/index.php?title=University_of_Cambridge

아무나 가질 수 없었던 문장

중세 이후 본격적으로 설립된 대학들은 영지의 소유자 혹은 대학 후원자의 문장을 계승하길 원했다. 관련된 가문의 수준이 곧 대학의 수준으로 받아들여졌기 때문이다. 그러나 문장은 원한다고 가질 수 있는 것이 아니었다. 왕실의 허락이 필요한 일이었다. 문장을 가지고 있다는 것은, 왕실이 해당 가문, 기사, 용병의 역사, 부, 명예, 충성을 인정한다는 뜻이었다.

일이 이렇고 보니 대학을 포함하여 허락 받지 않은 문장을 내거는 이들도 많았다. 이를 감찰, 단속하기 위해 왕실 직속의 문장담당관실이 만들어질 정도였다. 노폭 공작가Dukes of Norfolk에 세습되는 문장원 총재Earl Marshal가 왕실을 대신하여 제반 업무를 관장했다.

문장담당관실은, 이해하기 쉽게 단순화하자면 38 기동대(38 세금징수과)와 유사한 역할을 했다. 38 기동대가 탈세자를 찾아 조사, 강제 징수, 행정제재 조치를 할 수 있는 것처럼, 문장담당관실도 허락받지 않은 문장 사용에 대한 조사, 처벌권이 있었다.

38 기동대의 마크. 흥미롭게도 이들의 마크도 방패형의 문장이다. @서울시

교복의 배지도 중세 시대 '문장'에서 왔다

그렇다면 중세의 문장은 오늘날의 민간의 패션에 어떻게 사용되고 있을까?

우리에게 가장 익숙한 것은 교복에 부착하는 배지heraldic badge가 아닐까 한다. 아래의 사진은 영화《해리포터》시리즈에 나오는 교복의 배지이다.《해리포터》에는 마법학교인 호그와트가 있고 그 속에는 또 그리핀도르, 후플푸프, 래번클로, 슬리데린의 분파(기숙학교)가 있다. 분파별로 교복이 다르며, 아래의 배지는 그리핀도르의 것이다.

영화《해리포터》에 등장하는 그리핀도르의 배지 @IMDb

그리핀도르 교복 배지의 확대 이미지 @partyrama.co.uk

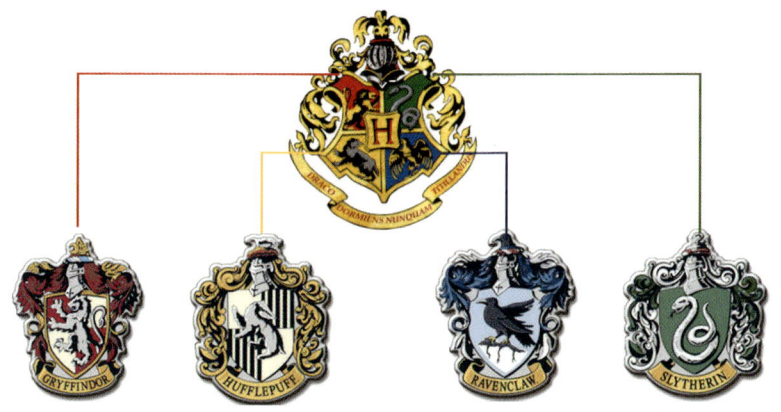

호그와트와 각 분파 관계도 이베이

다음은 한국 드라마 《상속자들》과 《구해줘》에서 나왔던 고등학교의 배지이다. 《상속자들》에 나오는 학교는 '제국고등학교'라는 명문고다. 배지는 왕관 모양의 크레스트와 방패모양의 헤럴드리를 합쳐 만든 헤럴드릭 배지이다. 제국의 영어식 발음 'JEGUK'에서 J와 G를 따서 부각시킨 것이 보인다. 위쪽의 문자는 제국의 첫 자음인 'ㅈ'을 상형화한 것이다.

《상속자들》에 나오는 '제국고등학교'의 배지
@상속자들팬페이지

《구해줘》에 나오는 학교는 평범한 고등학교이다. 왕관도 방패도 없는 둥근 모양이다. 고등학교의 '고高'를 크게 가운데 넣었고 그 아래에는 학교 이름인 '무지'를 넣었다. '高' 자의 좌우는 희미해서 잘 보이지 않지만 아마도 '근면, 성실'과 유사한 교훈을 넣었을 것이다.

《구해줘》에 나오는 '무지고등학교'의 배지
@구해줘팬페이지

이러한 학교의 배지 시스템은 영국 가톨릭 대교구와 대교구의 통제를 받는 학교 배지 시스템을 본뜬 것이다. 아래는 웨스트민스터 대교구의 문장 및 그 학교의 배지들이다.

웨스트민스터 대교구(좌)와 대주교(우)
의 문장 @웨스트민스터대교구

웨스트민스터 대교구 예하의 학교의 문장과 교복의 배지들 @웨스트민스터대교구

'소속 집단'의 문장과 '개인 성취'의 배지

지금까지 중세 기사들의 유니폼을 의미하는 '무장 외투'가 어떤 과정을 거쳐서 가문을 상징하는 '문장'이 되었는지, 또한 귀족 가문의 '문장'을 왜 기사, 용병이 사용했는지 알아봤다. 또한 중세 이후 문장이 병원, 학교, 부대의 상징이 된 과정도 살펴봤다.

이와 같은 무장 외투, 문장, 부대 마크의 사용은 '소속 집단'을 중심으로 이루어졌다. 즉, 내가 혹은 내 가문, 조직이 상위의 어떤 개인이나 조직에 속해있는지 증명하는 역할을 했다. '내가 어디에 소속되어 있는가'의 여부가 나의 명예와 권력을 대변하던 시절이었다.

그런데 시대가 바뀌면서 문장의 의미는 퇴색되었다. 왕실 직속의 감독관에게 허락을 받아야 했던 문장의 사용에 제약이 없어지자 너도나도 문장을 사용했다. 다양한 조직이 다양한 로고와 배지를 만들어서 자유롭게 사용하는 시대가 됐다.

'문장coat of arms, arms, crest, heraldry'과 '배지heraldic badge, badge'의 역사나 용례가 명확히 구분되는 것은 아니다. 그러나 최근에는 '소속 집단'의 상징은 문장으로, '개인 성취'의 상징은 배지로 구분되는 추세다. 대표적인 것이 '보이스카우트'의 메리트 배지이다.

보이스카우트 메리트 배지는 일정한 조건을 달성한 대원에게 주는 것으로 총 137개가 있다. (137개의 배지를 모두 획득한 대원을 '이글 스카우트'라 부른다.) 양궁, 캠핑 같은 비교적 단순한 조건부터 뒤뜰에 미니하우스 짓기 같은 복잡한 것도 있다.

보이스카우트 메리트 배지를 착용한 한 대원 @보이스카우트월드

19 | 패니 팩

패니 팩

허리 색 혹은 허리 가방

우리가 '허리 색'이라고 부르는 가방이 있다. 그냥 '허리 가방'이라고도 하는데 영어 표현 '웨이스트 색/백waist sack/bag'에서 온 것이다. 일본에선 '히쁘세꾸ヒップサック'라고 부른다. '힙 색hip sack'을 일본식으로 발음한 것인데, 말 그대로 '엉덩이 가방'이라는 뜻이다.

미국에서는 '패니 팩fanny pack'이라고 부른다. 패니 팩은 물품을 등에 진 행상인들이 허리춤에 묶고 다니던 전대纏帶로부터 온 것이다. 뒤로 돌려 묶은 전대가 엉덩이fanny 위에서 짤랑짤랑 하고 동전penny소리를 내니 '패니 팩'이라고 부른 것이다.

오늘날 '옛날 사람', '촌뜨기'와 동의어인 패니 팩

영화배우로도 성공한 미국 프로레슬러 드웨인 존슨Dwayne Johnson, 일명 '더 락The Rock'은 아래의 사진으로 인해 20년이 넘게 놀림의 대상이 되고 있다. 이유는 하나다. 패니 팩을 맸기 때문이다(터틀넥 위의 두꺼운 은 목걸이, 통 넓은 청바지에 아저씨 가죽 벨트는 논외로 하자).

패니 팩을 맨 1996년의 드웨인 존슨(좌). 그는 2017년 자신의 인스타그램 계정에 젊었을 때와 같은 복장과 포즈로 찍은 사진(우)을 올렸다. 드웨인 존슨 인스타그램

영화 《데드풀 2》에도 패니 팩이 유사한 맥락으로 등장한다. 무뚝뚝하고 거친 반인-반로봇의 남자 '케이블Cable'이 허리에 찬 가방을 뒤적거리자 주인공 '데드풀'이 이렇게 말한다. "젠장. 그거 패니 팩이잖아. 그거 차고 있는 꼬라지 정말 못 봐주겠다." 패니 팩에 대한 서구인들의 일반적인

인도네시아 래퍼 리치 치가Rich Chigga의 뮤직비디오 중 한 장면. 허리춤에 우스꽝스럽게 매고 있는 패니 팩이 눈에 확 뜨인다. https://hiphopplaya.com/

인식이 잘 드러난다. 미국 영화나 뮤직비디오에서 패니 팩은 세상 물정 모르는 노인, 미국에 처음 온 동양인에 대한 클리셰로 사용될 때가 많다.

1950년대 유럽 스키 시장에 처음 등장한 패니 팩

패니 팩의 유용성을 발견하고 상품화하여 처음 내놓은 것은 1950년대 유럽의 스키 용품 생산 업체였다. 디자인은 지금의 것과 상당히 유사하며 소재는 코팅된 가죽을 썼다. 당시로선 최신 기술이었던 지퍼도 들어갔다.

꽤나 인기가 있었는지 유럽인들의 블로그를 뒤져보면 어린 시절 스키장에서 매고 다니던 패니 팩을 추억하는 이들이 많다. 사진으로 보기에도 커 보이는데 주로 샌드위치나 과일 등을 넣어 다녔다고 하니 도시락 통으로도 썼던 모양이다.

1950년대의 패니 팩 https://www.instyle.com/fashion/accessories/bags/history-fanny-pack

1980년대 미국 홍보 판촉물로 재탄생한 패니 팩

한동안 보이지 않던 패니 팩이 다시 등장한 것은 1980년대였다. 이번 주요 사용층은 미국 여행자들이었다. 한 홍보회사가 상품명 등이 찍힌 패니 팩을 '여행용 핸즈 프리hands free 가방'으로 소개하며 나눠준 것이 시작이다.

그 반응은 폭발적이었다. 자주 꺼내 쓰는 자질구레한 물건을 넣어두면 여행용 가방을 일일이 열고 찾지 않아도 되어 편리했기 때문이다. 특히 해외 여행 시 여권, 지갑, 화장품, 상비약, 담배 등을 넣고 다니기 딱 좋았다. 이 시기 패니 팩은 장거리 여행과 동의어였다.

기업명, 상품명 등 다양한 로고가 찍힌 판촉용 패니 팩 https://www.usimprints.com/category/fanny-packs

군용 패니 팩

패니 팩을 가장 잘 활용하고 있는 사용자 집단은 아마도 군인이 아닐까. 아래 사진은 다양한 컬러와 디자인의 군용 패니 팩이다. 왼쪽은 '엉덩이 가방butt pack', 오른쪽은 '전술 허리 가방tactical waist pack'이라고 부르는데, 엄밀히 말해 엉덩이 가방은 디자인이나 용도 측면에서 패니 팩으로 분류하기 어렵다.

엉덩이 가방은 공중을 통해 적진에 투입되는 공수부대를 위해 개발된 보조 전투 배낭이다. 작전 특성상 추가 보급 없이 장기 야외활동을 해야

다양한 엉덩이 가방(좌)와 전술 허리 가방(우) http://soldiersystems.net/2015/07/25/the-baldwin-articles-buttpacks/

하므로 생존 도구, 의약품, 통신장비, 식료품 등을 넣을 추가 공간으로 고안된 것이다.

　전술 허리 가방은 '전술 패니 팩'이라 부르기도 하는데 크게 세 가지 형태로 분류할 수 있다. 첫 번째는 다용도 팩이다. 모든 것을 다 넣어서 다닐 수 있도록 다양한 형태의 주머니가 많이 달려있다. 두 번째는 콤팩트 팩이다. 무기, 탄창, 손전등 등 몇 가지 핵심적인 휴대품만 넣을 수 있도록 특화된 것이다. 세 번째는 보급형 팩이다. 두루 무난하게 쓸 수 있도록 범용성을 고려하여 제작한 군대 보급형이다.

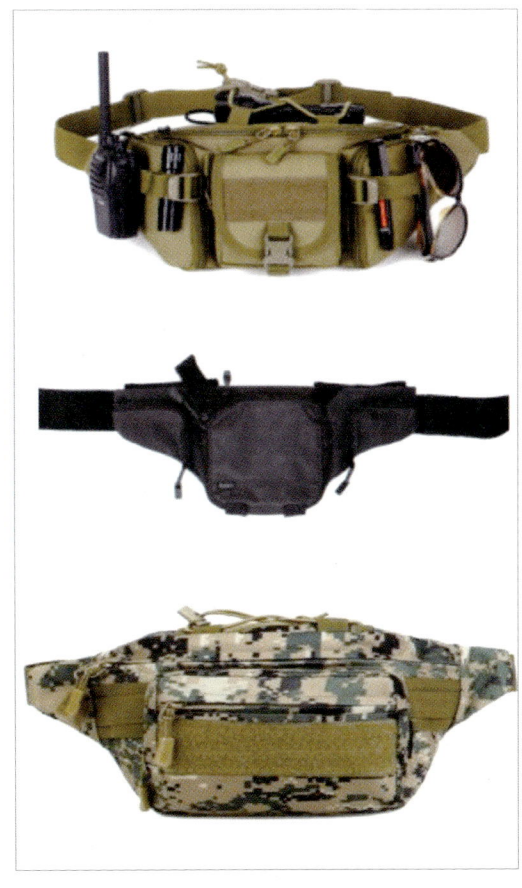

위에서부터 차례로 다용도, 콤팩트, 보급형 전술 패니 팩 https://www.swggun.org/tactical-fanny-pack/

황토색 패니 팩을 착용하고 있는 미 해병대원(좌)과 미 해병특수부대원(우) 핀터레스트

오른쪽 사진은 실제 아프가니스탄에서 작전 중인 한 군인의 모습인데, 오른쪽 허리에 보면 전술 허리 가방처럼 보이는 것을 착용하고 있다. '전술 공격 허리 가방tactical assault waist pack'이다. 수색정찰이나 공격처럼 기동성이 필요한 작전에 투입될 때, 응급처치 도구, 전투식량, 등반 장비, 특수 장비 등 꼭 필요한 것만 넣을 수 있게 만든 것이 이 전술 공격 허리 가방이다.

전술 공격 허리 가방 http://yuuut.com/best-tactical-assault-pack/

패니 팩의 부활

1990년대 이후 패니 팩은 군에서는 애용됐을지 몰라도 민간에서는 촌스러움의 대명사였다. 특히 영화와 같은 매체에서 등장인물을 희화화하는 소품으로 자주 사용하면서, 패니 팩의 이미지는 영영 '우스꽝스러운 80년대 유행'으로 굳는 듯했다.

그러나 패니 팩은 2016년 갑자기 새로운 이미지로 변신하기 시작했다. 세계 유명 디자이너들의 런웨이에 오르더니 2018년에는 '올해의 패션 핫 아이템'에 등극했다. 유수의 명품 회사들이 자사 로고가 크게 박힌 패니 팩을 내놓고 있다. 《LA 타임즈》는 "만약 패션계에 '불사조의 전설'이 있다고 하면 그건 패니 팩을 일컫는 것"이라고 썼다. SNS에 '패니 팩 fanny pack'으로 검색해보면 최근 세계 각국의 젊은이들이 패니 팩을 멋지게 소화해내는 것을 볼 수 있다. 다음 장은 그중 가장 인상적인 것 몇 장을 뽑아본 것이다.

패니 팩이 인기를 얻게 된 진짜 이유는?

그렇다면 패니 팩이 이처럼 뜨거운 인기를 얻게 된 이유는 무엇일까. 한 패션 전문 매체는 "패니 팩은 가장 큰 오해를 받은 패션 아이템 중 하나"라고 평가했다. 알고 보면 편하고, 유용하며, 멋진데, 이런 장점을 사람들이 뒤늦게야 알게 됐다는 것이다.

과연 그럴까?

결론부터 말하자면, 패니 팩은 어떤 한 사람의 집요한 노력에 의해 다시 세간의 관심을 얻은 것이다. 그는 우리에게 영화 《수어사이드 스쿼드》의 '조커' 역으로 잘 알려진 영화배우 자레드 레토 Jared Leto이다.

패니 팩은 지금 '핫'하다. 인스타그램

자레드 레토는 2015년 1월, 어느 해변가에서 찍은 사진을 자신의 트위터에 올렸다. 사진 속의 자레드 레토는, 한눈에 보기에도 (당시로서는) 촌스러운 붉은 패니 팩을 앞으로 둘러메고 상체를 드러낸 채였다. 사람들의 의견이 '패니 팩은 누가 메도 촌스럽다'와 '자레드 레토가 메니 패니 팩마저 멋있다'로 갈린 가운데, 누군가 자레드 레토가 패니 팩을 멘 사진을 찾아 모아서 올리기 시작했다. 그는 2014년 봄부터 이 패니 팩을 줄기차게 착용하고 다녔던 것이다.

록 밴드 '서티 세컨즈 투 마스 30 Seconds To Mars'의 리드싱어이면서 당시 할리우드의 떠오르는 차세대 배우로 각광받던 그가 패니 팩을 메고 다니는 모습은 편하고, 유용하며, 멋있어 보였다. (아래 사진 참조)

패니 팩에 대한 사람들의 인식이 변하기 시작한 것은 8할이 자레드 레토 때문이었다.

2015년 1월 5일, 자레드 레토의 트위터 캡쳐
트위터

패니 팩

패니 팩을 멘 자레드 레토의 모습 (2014~2015년) 텀블러

20 오스트리아 매듭

현대식 계급장의 시초, 오스트리아 매듭

오스트리아 매듭이란?

'오스트리아 매듭Austrian Knot ; Österreichen Knoten'은 군인 제복에 계급 표시, 장식 등의 목적으로 부착하는 브레이드braid; 군복 장식용 노끈 장식이다. 금실 혹은 은실로 꼰 브레이드를 다시 꼬거나 교차시켜 제복의 다양한 부위에 고정시킨다.

헝가리에서 온 오스트리아 매듭

오스트리아 매듭은 헝가리군에서 유래한 것으로 알려져 있다. 헝가리

상 19세기 말 영국군 경기병대의 제복. 옷 전체에 걸쳐 브레이드 장식이 되어 있다. 그 양쪽 소매에 있는 것을 '오스트리아 매듭'이라 부른다. ⓒthe-saleroom.com
하 1902년 영국군 포병 장교 옷소매의 오스트리아 매듭 장식. 좌측은 중위, 우측은 대위의 것이다. ⓒbritishempire.co.uk

에선 이를 '바테즈쾨테시Vitézkötés'라 불렀는데 헝가리어로 '용사의 매듭'이란 뜻이다.

　용사의 매듭은 한 헝가리 아낙의 남다른 솜씨에서 시작되었을 것이다. 그녀는 무사귀환의 염원을 담은 장식을 군인인 남편의 갑옷에 달아주었는데, 한 땀 한 땀 실로 땋아 만든 이 매듭은 십자가 같기도 했고 부적 같기도 했다. 이것이 유행하여 16세기경부터 헝가리군 장교 상의를 완성하는 일종의 필수 요소가 된 것이다.

　헝가리군 경기병Hussar 전술의 위력이 전장에서 입증되면서 16세기 후반 여러 유럽의 군대들도 이를 받아들이기 시작했다. 17세기 후반부터는 헝가리군 경기병의 모든 것, 특히 화려한 복장이 유럽 군대 전체에 유행했다. 당연히 용사의 매듭도 함께 말이다.

16세기 헝가리 경기병대 장교 복장 상상도 ⓒmilitar.org.ua

장교 계급장 역할을 하게 된 용사의 매듭

시간이 지나면서 장교 제복을 화려하게 꾸미는 경향은 점점 과해졌는데, 일부는 금실, 은실로 꼰 용사의 매듭으로 제복 전체를 꾸미기까지 했다. 그래서 18세기부터는 계급별로 용사의 매듭에 들어가는 브레이드의 숫자를 제한했다. 이것이 용사의 매듭이 헝가리 경기병대 장교 계급장 역할을 하게 된 배경이다.

화려하게 치장한 18세기 프로이센 경기병대 연대장. 리하르트 크뇌텔의 1893년 작 ⓒ위키미디어커먼스

18세기 덴마크 경기병대를 재현한 행사. 소매의 오스트리아 매듭이 눈에 띈다. ⓒforsvaret.dk

용사의 매듭이 오스트리아 매듭으로

오스트리아-합스부르크 제국은 군대를 강화하기 위해 우수한 용병을 두루 고용하여 썼는데 18세기 초에는 능력이 입증된 헝가리 경기병을 다수 중용했다. 오스트리아-합스부르크 제국 군대로 완전히 흡수된 헝가리 경기병의 훈련, 편제, 장비는 18세기 중반 유럽 각국 군대에 낙숫물처럼 내리 영향을 미쳤다.

한편 오스트리아 육군은 장교 복제 규정을 정비하면서 헝가리 경기병 '용사의 매듭'을 활용한 계급 표시를 체계화했다. 헝가리에서 온 '용사의 매듭'을 '오스트리아 매듭'이라고 부르게 된 연유가 이러하다. 이 역시 곧 유럽 군대 전체로 퍼졌다.

 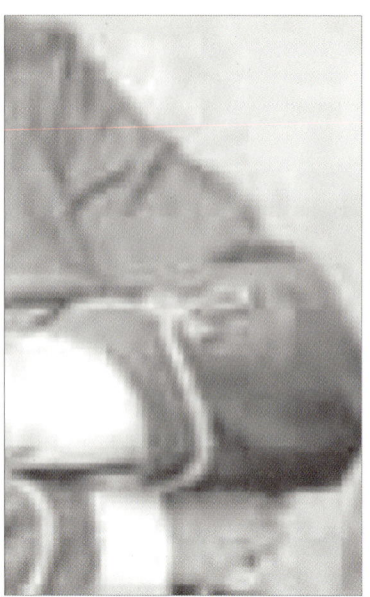

상 1871년, 오스트리아-헝가리 제국 경비병대 장교의 모습(좌). 소매의 오스트리아 매듭으로 미루어 보건대 계급은 중위이다. ⓒsulinet.hu
하 1870년대 미국 남부군의 프록코트와 소매의 오스트리아 매듭. 좌측이 중위, 우측이 준장의 것이다. ⓒ스미소니언박물관홈페이지

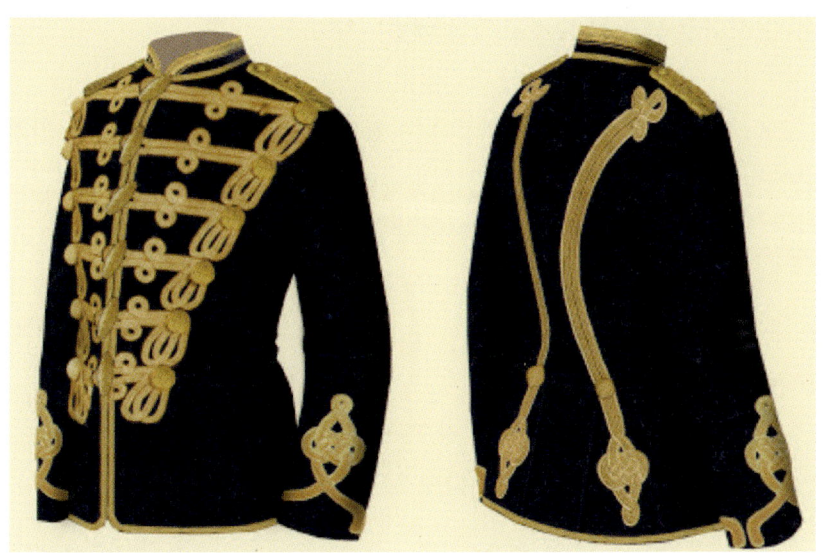

19세기 말, 영국 경기병대 장교(중위)의 복장 ⓒuniformology.com

20세기 초, 영국 경기병대 장교의 복장(상단)과 그 소매(하단)의 확대도. 좌로부터 계급은 중위, 대위, 소령, 중령이다. ⓒuniformology.com

오스트리아 매듭

아시아로 넘어온 오스트리아 매듭

오스트리아 매듭은 아시아로 넘어왔다. 아시아에서 이를 가장 먼저 받아들인 것은 일본 군대이다. 군대를 현대화하는 과정에서 프랑스군을 참고로 복제를 정비한 것으로 보인다.

아래 사진 ①은 프랑스 펠릭스 두헤Félix Charles Douay 원수의 모습인데 소매에 극단적으로 강조된 오스트리아 매듭이 눈에 띈다. 1870년 전후로 촬영한 사진이다.

소매의 브레이드 줄 개수는 장교 계급을 의미한다. 아래에서처럼 소위는 한 줄이고, 대령이 되면 다섯 줄이 된다. 그 다음부턴 장군이다.

 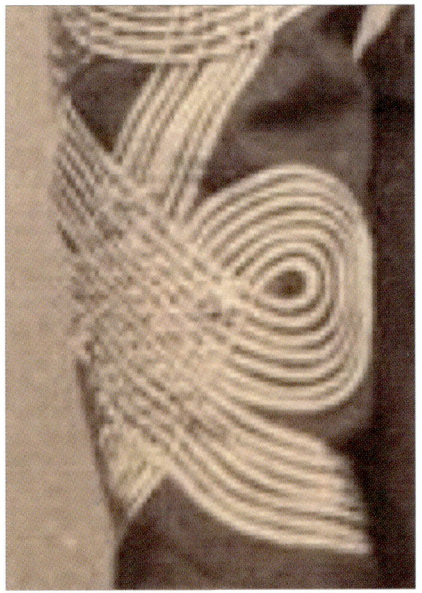

사진 ①. 1870년경, 프랑스군 펠릭스 두헤 원수의 모습(좌). 소매를 확대해보면(우) 오스트리아 매듭의 브레이드가 무려 일곱 줄이나 된다. 프랑스 육군 원수의 상징이다. ⓒ위키미디어커먼스

1914년 이전 프랑스군 장교의 계급. 소매에 오스트리아 매듭으로 표시했다. 좌로부터 소위, 중위, 대위, 소령, 중령, 대령이다. ⓒ위키미디어커먼스

1914년 이전 프랑스 육군 장군은 직책 계급을 부여 받았는데, 여단장과 사단장이다. 이들의 브레이드는 여섯 줄, 일곱 줄이었다.

일곱 줄의 브레이드 아래, 그러니까 소맷단 바로 위에 두꺼운 브레이드 장식을 더한 계급장도 있었다. 총사령관의 것이었다. 프랑스군은 사단장 중에서 총참모장을 뽑았고 또한 전쟁이 발발하면 전장을 총괄하는 총사령관을 임명했다.

19세기 말 일본군은 오스트리아 매듭을 이용한 프랑스군의 계급 표시 체계를 흡수했다. 그 연유는 다음과 같다. 19세기 중반부터 일본은 엘리트 장교를 선별하여 유럽 군대에 보냈다. 특히 당대 최강대국이었던 프랑스에는 일본군 각 병과의 대표 격이 갔다. 선진 군사를 배우고 귀국한 일본군 장교들은 프랑스군 훈련, 편제, 장비 등을 자국 군에 도입했다. 그 중 복제는 거의 모방하다시피 했다.

사진 ②는 일본 우에하라 유사쿠上原勇作란 자인데 계급은 원수였다. 소매에 있는 오스트리아 매듭의 형태가 프랑스 육군의 그것과 거의 똑같다.

사진 ②. 일본군 우에하라 유사쿠 원수의 모습(좌). 소매를 확대해보면(우) 프랑스군이 사용했던 오스트리아 매듭 장식을 쓰고 있다. 1920년을 전후하여 촬영한 것으로 보인다. ⓒ위키미디어커먼스

아래 사진에 나오는 자는 일본 왕족 기타시라카와노미야 나루히사北白川宮成久王인데, 군인으로서 평생 사진을 많이 남겼다. 일본 육군 계급장 변화를 살펴보기 좋은 사례이다.

좌로부터 사관생도, 소위, 중위, 중령 시절의 기타시라카와 ⓒ위키미디어커먼스

계급 구분 체계를 통일한 미군의 오스트리아 매듭

미국 남군은 남북전쟁기(1861~1865)에 계급 구분 체계를 독특하게 발전시켰다. 남군은 장교를 크게 위관, 영관, 장군의 그룹으로 나누었다. 그리고 그룹별로 오스트리아 매듭을 달리했다. 아래에서처럼 소위와 중위는 한 줄, 대위는 두 줄, 영관급은 세 줄, 장군은 네 줄이다.

미 남군의 계급별 오스트리아 매듭. 좌측부터 소위와 중위, 대위, 영관급, 장군 ⓒ위키미디어커먼스

그러니까 미군의 오스트리아 매듭은 가장 많아야 네 줄이다. 유럽이나 일본처럼 계급이 올라간다고 여섯 줄, 일곱 줄까지 늘어난 브레이드가 팔 전체를 차지하는 일이 없었다. 미군은 장식의 과장을 막고 예산도 아낄 수 있었다. 그룹 내 세부 계급별 구분은 모자나 칼라에 별도의 계급장을 부착함으로써 구별할 수 있게 했다.

남북전쟁시기 남군 장교 군복의 재현품. 좌로부터 중위, 대위, 중령, 소장의 것이다. ⓒushist.com

21 | 케피에와 쉬마그

아랍 무장투쟁의 상징 케피에는
어떻게 파병 미군의 애용품 쉬마그가 됐을까?

쿠파 도시에서 온 특산품

 '케피에keffiyeh'는 아랍인들이 머리에 쓰는 대형 스카프다. 어원은 '쿠피야kufiya'로, '쿠파Kufa 도시에서 온 것'이라는 뜻이다. 쿠파(이라크 바그다드 남쪽 약 170킬로미터에 있는 강변 도시)에서 만든 문양을 넣은 면직 스카프가 지역 특산품으로 유행하면서 도시 이름이 고유명사처럼 굳은 것이다.
 케피에는 근본적으로 기능성 의류이다. 아랍 지역의 뜨거운 햇볕과 모래 먼지를 막아주는 것이 주 역할이기 때문이다. 더불어 건조한 대기에 수분을 빼앗기지 않게 해주며, 기온이 급격히 떨어지는 야간에는 체온 유지를 돕는다.

케피에의 다양성

케피에는 면과 울 혼방의 직사각형 모양인데 이를 착용하는 방법은 고정된 것이 아니다. 머리에 터번처럼 두르거나 올려도 되고 목 주변에 둘러도 되며 망토처럼 어깨 위에 걸쳐 입어도 된다.

머리에 두를 때는 삼각 두건 형태로 한 번 접어 머리 주변에 둘러 착용한다. 팔레스타인 지역에서는 접은 케피에를 머리에 올린 후 '아갈agal'이라 부르는 둥근 고리로 고정하기도 한다. 아니면, 타키야taqiyah나 페즈fez를 안에 쓰고 그 위에 케피에를 착용하기도 한다.

착용 방식만큼이나 컬러도 다양하다. 전통적인 케피에는 백색이지만 지역, 국가에 따라 그 컬러가 다르다. 예를 들면, 요르단의 케피에는 백색과 적색이 섞인 것이 특징이다. 예멘의 것은 바탕색이 백색이 아니라 회색 혹은 황토색이다.

적색과 백색이 섞인 요르단 전통의 케피에. 요르단에선 '쉬마그(Shemagh)'라 부르기도 한다.
ⓒconnectingcultures.us

주駐예멘 아랍연합군을 시찰하고 있는 바레인 왕자들(우측 2명). 이들이 머리에 쓰고 있는 것은 예멘의 케피에이다. ⓒbahrainmirror.com

아랍 유목민과 케피에

한편 우리가 '베두인Bedouins'이라고 부르는 아랍 유목민들도 케피에를 두르고 다녔다. 이들은 생활환경 특성상 케피에를 여러 용도에 두루 썼다. 특히나 야외생활을 해야 했기 때문에 두껍고 튼튼해야 했다.

아랍 유목민은 케피에에 부족 특성을 담았다. 케피에의 끝에 패턴이 특정된 술을 달아 부족을 구분했다. 술의 크기와 길이는 착용자의 지위를 상징했다.

T. E. 로렌스와 케피에

다른 패션 아이템과 마찬가지로 아랍의 케피에도 특정 인물에 의해 세계에 널리 퍼졌다.

첫 번째 인물은 T. E. 로렌스T. E. Lawrence이다. 그는 제1차 세계대전 기간에 아랍 민족의 독립을 위해 싸웠던 영국군 장교다. 실제 삶보다는 영화화된《아라비아의 로렌스(1962)》로 우리에게 많이 알려졌다.

그는 영국군 정보국 소속으로 1916년 아랍 지역 현지 첩보를 수집하기 위해 파견됐다. 로렌스를 보낸 가장 중요한 목적은 아랍 민족이 터키가 아닌 영국을 지원토록하기 위함이었다.

로렌스는 아랍 민족 지도자들과 협상을 벌이면서 군복이 아닌 아랍 전통의상을 입었다. 특히 아랍 유목민의 상징인 케피에를 항시 착용했는데 그 이유는 첫째, 그의 금발과 파란 눈을 감추기 위해서였다. 그의 임무는 첩보 수집과 비밀 협상의 연속이었다. 따라서 단박에 드러나는 그의 외모를 감출 필요가 있었다. 둘째, 아랍 문화를 존중함으로써 아랍인들의 호감과 신뢰를 사야했기 때문이다.

아랍 민족 지도자들과 대화 중인 로렌스 ⓒcliohistory.org

컬러로 복원한 로렌스의 모습들 ⓒreddit.com, ⓒirishtimes.com

영화 《아라비아의 로렌스》에 등장하는 장면들 ⓒIMDb

케피에와 쉬마그

야세르 아라파트와 케피에

야세르 아라파트Yasser Arafat는 무장 투쟁, 정치적 활동을 통해 팔레스타인 자치 지구 창설을 이루어낸 인물이다. 그는 항상 케피에를 쓰고 다녔는데 이것이 팔레스타인 무장 투쟁의 상징이었기 때문이다.

아래 사진에서 보는 것처럼 1936년부터 1939년까지 영국을 상대로 일어난 '팔레스타인 봉기1936~1939 Arab revolt in Palestine'에서 아랍인들은 백색의 케피에를 두르고 투쟁했었다.

1936년 팔레스타인 봉기의 상징으로 널리 알려진 사진 ⓒen.qantara.de>

아라파트가 애용한 것은 백색과 흑색의 물고기 그물 모양 케피에였다. 그는 이를 아랍 역사, 민족 단합, 무장 투쟁의 상징으로 삼았다. 정치 지도자들과 협상할 때도, 군복을 입고 무장 투쟁을 지도할 때도 이 백-흑 케피에를 항상 쓰고 다녔다.

상 1974년 유엔에서 연설을 하고 있는 아라파트의 모습 ⓒunmultimedia.org
하 1997년 군복을 입고 케피에를 착용한 모습 ⓒtelegraph.co.uk

사막 작전의 필수품, 군용 케피에

군사작전에서 케피에를 처음 착용한 인물이 누구였는지는 추적하기 어렵다. 다만, 대략 제1차 세계대전기 아랍, 아프리카 지역에서 활동한 영국 정보국의 요원들이 그 시작이었을 것으로 추측하고 있다.

사막과 같은 극단적 기후 환경에서 작전을 할 때 케피에는 매우 유용했다. 모래바람 차단, 안면부 위장 효과 이외에도 열 가지 이상의 용도로 쓸 수 있었다. (부상시 응급처치, 야지 정수 등등) 초기 형태의 군용 케피에는 아래와 같은 단색이었다.

이후 군용 케피에는 아랍, 아프리카 지역에서 활동하는 특수부대원의 필수품이 됐다. 아랍 무장투쟁의 상징이었던 케피에가 아랍 지역에 진주한 서구 군대의 상칭처럼 되었으니 역사란 참 아이러니하다.

영국 육군에서 제2차 세계대전기에 특수부대(SAS)와 사막 유격정찰대(LRDG)에 보급했던 케피에 ⓒ이베이

영국 사막 유격정찰대의 대장 존 에손스미스John Richard Easonsmith. 왼쪽은 1942년 대위 때의 모습, 우측은 1943년 중령 진급 후의 모습. 목에 케피에를 두르고 있다. 진급 후 한 달 만에 독일군의 저격에 의해 전사했다. ⓒIn Colore Veritas

쉬마그. 케피에이면서 케피에가 아닌

군대에서는 위장 효과를 고려하여 다음과 같이 패턴이 들어간 것을 주로 쓴다. 그리고 패턴이 들어간 군용 케피에를 따로 구분하여 '쉬마그shemagh'라 부른다. 쉬마그는 페르시안 걸프 지역에서 케피에를 지칭하는 명칭이다. 참고로, 아랍 지역 국가들은 케피에를 각기 자기 민족의 언어로 부르는데 구트라ghutrah, 하타흐hattah, 매샤다흐mashadah, 챠피에chafiye 등이 그것이다.

상 쉬마그 판매 베스트 3 ⓒ아마존
하 쉬마그를 쓰고 있는 미 특수부대원(그린베레) ⓒwonderfulengineering.com

영화 속의 쉬마그, 케피에

쉬마그는 주로 아랍, 아프리카 같은 지역에서 활동하는 정보기관, 특수부대 요원들이 쓰기 때문에 실제 착용 모습(사진, 동영상)을 찾아보긴 힘들다. 대신 그와 같은 사례를 모티브로 한 영화, 드라마에서 많이 찾아볼 수 있다.

대표적인 것이 《론 서바이버Lone Survivor (2013)》이다. 《론 서바이버》는 2005년 아프가니스탄에서 '레드 윙 작전Operation Red Wings'을 수행하

상 《론 서바이버(2013)》에 등장하는 미 해군 특수부대(네이비 실) 요원들 ⓒIMDb
하 실제 레드 윙 작전에 투입되었던 네이비 실 요원들이 쉬마그를 착용하고 있는 모습 ⓒbootcampaign. org, ⓒhttp://airsoftgun.ru

던 미 해군 특수부대 네이비 실의 실화를 바탕으로 했다. 이 영화는 스토리, 복장 고증을 철저히 한 것으로 유명한데 사진을 보면 모두 쉬마그를 착용하고 있다.

영화 《프롬 파리 위드 러브(2010)》에서 FBI 비밀 특수요원으로 나오는 왁스(존 트라볼타 분)가 두르고 있는 것도 쉬마그이다. 사막과 전혀 거리가 먼 도심 한복판에서 왁스가 쉬마그를 착용하고 있는 것은 일종의

《프롬 파리 위드 러브(2010)》에서 대테러 임무를 수행하는 비밀 특수요원의 모습 ⓒIMDb

클리셰이다. 그가 중동 현장을 오가며 대테러 임무를 수행하는 베테랑이며, 특수부대 출신일 가능성이 있다는 것을 암시한다.

그런데 영화《허트 로커(2008)》에서 영국 용병 리더(랄프 파인즈 분)가 착용하고 있던 것은 좀 다르다. 이는 쉬마그가 아닌 '오리지널 케피에'이다. '오리지널 케피에'란 일찍이 아랍 무장투쟁 당시 아라파트가 애용했던 백색과 흑색의 물고기 그물 모양 케피에를 말한다.

'샤미 케피에shami keffiyeh'라는 것도 있다. '샤미'는 '작은, 촘촘한'의 뜻인데 '오리지널 케피에'에 비해 패턴이 작고 촘촘하다는 뜻이다. 오리지널 케피에는 백색의 비중이 커서 눈에 잘 띄었다. 그래서 아랍 무장 단체 요원들은 오지지널 케피에의 디자인에 흑색의 비중을 늘려 직조한 샤미 케피에를 착용하고 다녔다.

2003년 이라크를 배경으로 한 영화《그린 존(2010)》과 2009년 이집트를 배경으로 한 영화《트랜스포머2(2009)》에서 등장인물들이 착용하고 있는 것도 샤미 케피에이다.

① 《허트 로커(2008)》에서 영국 용병 리더가 오리지널 케피에를 착용하고 있는 모습 ⓒIMDb
② 아라파트가 착용했던 '오리지널 케피에' ⓒKufiya.org
③ 영화 《그린 존》에서 샤미 케피에를 두르고 있는 주인공 밀러(맷 데이먼 분)의 모습 ⓒIMDb
④ 영화 속 샤미 케피에와 실제 팔레스타인에서 팔고 있는 상품의 비교 ⓒKufiya.org

케피에와 쉬마그

22 전투화

전쟁과 전투화의 역사

제1차 세계대전 이전 : 목 긴 승마 부츠와 각반 착용

제1차 세계대전 이전 영국군의 신발은 장교용은 목 긴 승마 부츠, 병사용은 발목 부츠ankle boots였다. 병사용인 발목 부츠 위에는 긴 각반을 착용하도록 되어 있었다.

목 긴 승마 부츠와 각반은 다리의 하박을 노리는 도검류 공격을 막는 목적이 있었다. 생존과 기동력 온존을 위해 필요한 것이었다. 단점이 있다면 탈착이 번거롭고 귀찮다는 것 정도였다.

 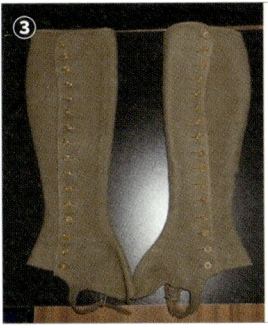 

① 제1차 세계대전기 영국군(좌측), 미군(우측) 장교용 목 긴 부츠 ⓒ영국국립박물관홈페이지;ⓒ폭스뉴스홈페이지
② 제1차 세계대전 당시의 영국군 발목 부츠. 원래 색은 갈색이었으며 보급을 받은 병사가 검은 구두약을 칠하도록 되어 있었다. ⓒ영국국립박물관홈페이지
③ 제1차 세계대전 당시 영국군 병사가 사용하던 각반. 좌는 캔버스 천, 우는 가죽을 소재로 했다. ⓒ이베이

제1차 세계대전 당시 발목 부츠와 각반을 착용한 병사 ⓒ영국왕립박물관

개량 전투화의 개발·보급

제1차 세계대전이 발발하자 영국, 미국, 프랑스 등의 군대는 기존의 부츠를 개량하여 보급했다. 오염물이 외부에서 들어가지 않도록 구멍과 틈을 최소화했으며, 발등부터 발목까지 끈으로 조일 수 있게 했다.

가장 큰 변화는 길이를 짧게 잘라 부츠 목이 정강이 부근에 오도록 한 것이다. 전선으로부터의 요청을 디자인에 반영한 것이었으며 동시에 예산을 절감하려는 목적도 있었다.

1) 제1차 세계대전 이전 미군의 전투화

미군은 현대전의 모든 것을 함축했던 남북전쟁(1861~1865) 때부터 부츠의 중요성을 알고 계속 개량을 해오던 중이었다. 제1차 세계대전이 발발하자 미군은 여러 개량 모델 중 파병지 임무와 환경에 맞는 것을 골라 보급했다.

제1차 세계대전 이전까지 미군의 부츠는 주둔지용인 '근무화garrison shoes', 야전용인 '행군화marching shoes'로 대별할 수 있었다.

1902년(좌), 1904년(우)형 근무화 ⓒwww.usmilitariaforum.com

① 1905년형 행군화. 가운데 사진의 병사가 신고 있는 것이 1905년형 행군화로 그 위에는 각반을 차고 있다. ⓒwww.usmilitariaforum.com
② 1912년형 행군화 ⓒwww.usmilitariaforum.com

미국이 제1차 세계대전 참전을 결정한 1917년 당시 미군 장병들 대부분이 신고 있던 것은 1917년형 행군화였다. 소재, 디자인 면에서 이전의 부츠와 우리가 알고 있는 '전투화combat boots'의 중간 형태였다.

상
1917년형 행군화. 바닥에 징이 박혀 있는 것이 특징이었다. ⓒwww.usmilitariaforum.com
하
1917년형 행군화. 측면의 연결부위를 리벳으로 처리한 개량형이다. ⓒ영국국립전쟁박물관홈페이지

2) 제1차 세계대전 참전과 미 육군 퍼싱 부츠

본격적인 참전이 이루어지자 미군은 기존 무기, 장비를 새것으로 교체하거나 개량했다. 특히 미 원정군사령관으로 임명된 존 퍼싱John J. Pershing 장군은 육군 병사들의 개인 무기, 장구류 개선을 적극 지원했다.

그리하여 나온 것 중의 하나가 1918년형 '참호 부츠trench boots'이다. 일명 '퍼싱 부츠Pershing boots'라고도 했다. 퍼싱 부츠는 다중 박음질과 외부로부터 물이 스미거나 고이는 것을 최소화할 수 있는 펠스쿤veldskoen 방식 재단 덕에 견고하고 방수성이 뛰어났다. 아마도 영국 로터스Lotus 사의 '펠스쿤 더비 부츠Veldtschoen Derby boots'를 참조했을 것이다.

또한 퍼싱 부츠는 부드러운 송아지 가죽 대신 두꺼운 소가죽을 사용했는데 외부를 스웨이드suede 처리한 것이 눈에 띄었다. 원래 스웨이드는 송아지, 어린 양의 가죽 뒷면을 부드럽게 부풀러 착용감이 좋게 한 것인데 미 육군은 두꺼운 소가죽의 표면에 인위적으로 기모起毛 처리를 하여 스웨이드처럼 만들었다.

스웨이드로 처리한 이유는 두 가지였다. 첫째는 구두약을 바르고 광

상 1908년형 퍼싱 부츠 ⓒwww.greatwarforum.org
하 1908년형 퍼싱 부츠의 재현품 ⓒmantheline.com

을 내면 야간에 냄새가 나고 빛이 반사되어 작전에 불리했기 때문이다. 물론 대부분의 병사들은 스웨이드 처리된 부츠의 표면에 구두약을 바르고 반질반질 빛이 날 때까지 닦아 멋을 내곤 했다.

둘째는 표면이 반질반질한 부츠는 진흙탕 참호, 야지의 진창에 한 번 빠지면 잘 뽑히지 않았기 때문이다(개펄에 발이 빠져본 적이 있다면 무슨 말인지 바로 감이 올 것이다). 표면이 부들부들한 스웨이드 소재를 쓰면 상대적으로 쉽게 발을 빼낼 수 있었다.

참고로 아래의 전투화는 미 해병대의 전투화인데 상륙 작전 시 갯벌에서 보다 쉽게 발을 빼기 위해 스웨이드 처리한 것을 볼 수 있다.

다양한 형태의 미 해병대 전투화. 모두 표면이 스웨이드 처리 되어 있다. ⓒuspatriottactical.com

제2차 세계대전의 발발. 부츠에서 전투화로

1) 1943년형 이중 버클 부츠

제1차 세계대전 이후 군용 부츠의 소재, 디자인은 크게 바뀌지 않았다. 그와 같은 큰 참화를 겪고 또다시 어리석은 전쟁이 일어나지 않을 것이라고 생각했고 또한 제1차 세계대전 때 개량을 거듭한 각국 군대의 전투화가 어느 정도 완성도를 가지고 있었기 때문이다. 그러나 모두의 기대와 달리 제1차 세계대전 때보다 한층 큰 전쟁이 일어났다. 다름 아닌 제2차 세계대전이다.

제2차 세계대전이 발발했을 때 서구 각국 군대가 서둘러 보급한 것은 '이중 버클 부츠double buckle boots'였다. 명칭에서 알 수 있듯 기존 부츠에 이중으로 버클을 달아놓은 형태였다.

이중 버클 부츠는 군용 부츠 발전의 역사에 이질적 존재였다. 외형만 보면 발목 부츠와 각반을 하나로 합친 것이었는데, 둘 다 제1차 세계대전을 통해 실용성 면에서 낙제점을 받은 바 있었다. 그렇다면 왜 각국은 이중 버클 부츠를 만들어 전장에 보급했을까?

아마도 '참호족trench foot'이 영향을 미쳤을 것이다. 제1차 세계대전 당시 플랑드르의 낮은 습지에서 장기간 전투를 한 장병들은 물이 찬 참호 속에서 몇 날 며칠을 보내야 했다. 결국 이런 환경은 발을 괴사하게 만들어 절단 수술을 하는 지경에 이르기도 했다.

보병의 가장 중요한 장비는 바로 병사 자신의 발이다. 따라서 각국 군대는 참호족을 예방하기 위해 여러 가지 방법을 고안했다. 그러나 가장 확실한 예방법은 발이 젖지 않도록 하는 것뿐이었다.

가죽으로 만든 부츠를 신고 물이 찬 참호에 들어갔을 때 발이 최대한 젖지 않도록 하는 방법은 무엇이 있겠는가? 이중 버클 부츠는 이러한 고민에서 나온 여러 가지 시도 중 하나였다. 물론 이중 버클 부츠를 신어도 어쩔 수 없이 병사들의 발은 젖었다.

상 1940년대 미군 이중 버클 전투화 ⓒwww.usmilitariaforum.com
하 1950년대 프랑스군 이중 버클 전투화 ⓒwww.ebay.ie

전투화

2) 다시 발목 부츠로

실제 전장에서 이중 버클 부츠를 신어보니 여간 불편한 것이 아니었다. 덥고 습한 곳에서 종아리를 감싸는 이중 버클 전투화를 신고 있으면 당장 야들야들해진 종아리가 가죽에 쓸렸다. 애매한 높이의 목 부위로는 흙과 모래가 들어와 성가셨다.

그래서 병사들은 이중 버클 전투화의 목을 잘라 신었다. 통일과 군기를 내세워 무용함과 불편함을 참게 하는 것은 평시 군대에서나 가능하다. 총탄이 귀 밑을 스치는 전장에서는 다르다. 사령부에서 군용물 훼손을 엄금했지만 소용없었다. 오히려 전투화 목 잘라 신기가 유행처럼 번졌다.

제2차 세계대전 당시 북아프리카에 배치되었던 영국군의 모습. 좌측 인물은 이중 버클 전투화의 위쪽을 잘랐고, 우측 인물은 그대로 신고 있다. ⓒ영국국립박물관홈페이지

서아프리카 지역에 배치된 영국군 장병들은 사진에서처럼 이중 버클부위를 잘라 목이 짧아진 전투화 위에 군용 양말 혹은 천을 감고 다녔다. 흙, 모래가 안으로 들어가지 못하게 하려는 목적이었다. ⓒ영국국립박물관홈페이지

 혹자는 '군율을 중시하는 군대의 병사들이 전투화를 훼손하여 신고 다니는 것이 가능하냐'고 의문을 가질지 모르겠다. '만약 그랬다 해도 병사 중 일부의 일탈이었겠지'라고 생각할 수도 있다. 그러나 다음 사진을 본다면 조금 생각이 달라지지 않을까.

 사진은 프로 축구 선수들이 축구화 뒤꿈치 부분을 잘라내거나 양말 중간중간에 구멍을 뚫은 모습이다. 순간의 움직임이 승패를 결정하는 축구장에서 가장 중요한 가치는 실용이다. 비싼 축구화든 새 양말이든 목표

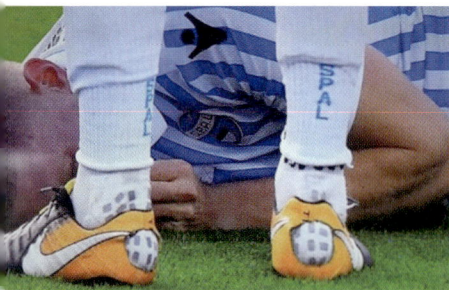

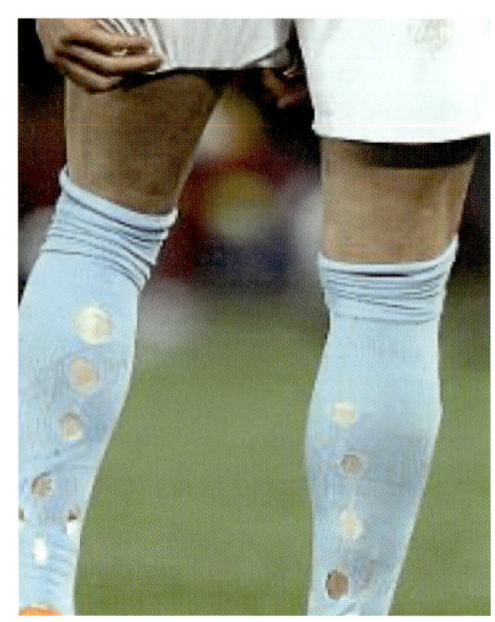

축구화 뒤꿈치 부분과 축구 양말에 여러 개의 구멍을 뚫은 모습 ⓒ아이러브사커홈페이지

달성에 장애가 된다면 자르고 떼어내는 것이 프로이다. 하물며 총알이 눈 앞을 스치고 생명이 왔다 갔다 하는 전장의 병사들은 어떻겠는가.

3) 1948년형 전투 부츠

어쨌든 본론으로 돌아와서, 이중 버클 부츠 등의 시행착오 끝에 다시 개량 보급된 것이 1948년형 '전투 부츠combat boots'였다.

종아리와 닿는 목 끝을 부드럽게 쿠션 처리했고 바닥에 징 대신 다이아몬드 모양의 패턴을 새겨 넣었으며 발목 보호 기능을 강화했다.

또한 '굿이어 마감 공정Goodyear welt construction'을 도입하여 부츠의 고질적 문제 두 가지, 밑창이 쉽게 떨어지는 것과 이음매 부위가 발에 상처 입히는 것을 예방했다.

상태가 잘 보존된 전투 부츠(상단)와 사용감이 있는 전투 부츠(하단). 초도 보급시에는 갈색이었으나 기름을 먹고 흙먼지가 묻으면 흑색으로 변했다. ⓒ이베이

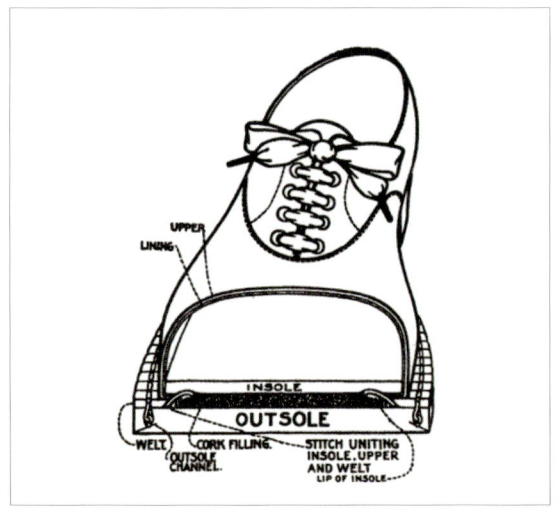

상 부츠 밑창의 변화. 좌측이 제1차 세계대전, 우측이 제2차 세계대전 시기의 것이다. ⓒwww.usww2uniforms.org
하 '굿이어 마감 공정'의 설명도 ⓒolive-drab.com

이 1948년형 전투 부츠가 현대 '전투화'의 전형이 되었다. 한국전쟁기 미군이 신고 있던 그 전투화이고 미군에게 받아 한국군이 신었던 그 전투화 말이다. 아래는 1948년형 전투 부츠의 흔적을 찾을 수 있는 한국전쟁기 사진들이다.

한국전쟁기 이동하는 미군 장병들의 모습. 모두 1948년형 전투 부츠를 신고 있다. ⓒwww.dailymail.co.uk

상 길가에서 강아지와 함께 식판에 받은 배식을 먹고 있는 미군. 1948년형 전투 부츠에 흙과 먼지가 묻어 황토색에 가깝게 변했다. ⓒwww.dailymail.co.uk

하 천막 안에서 부츠를 손질하고 있는 미군. 발목 부위를 자세히 보면 1943년형 이중 버클 부츠임을 알 수 있다. 야전침대 밑에 여벌의 이중 버클 부츠도 보인다. 그 사이에 놓인 검은색과 흰색의 고무신 한 쌍이 이채롭다. ⓒwww.dailymail.co.uk

한국군 전투화의 시작은 1948년형 미군 전투 부츠

참고로, 사진에서 본 것처럼 1948년형 전투 부츠의 원래 색은 적갈색 russet이다. 그런데 1954년부터 미 육군이 신발류 표준색을 정하면서 모두 흑색으로 통일했다. 재고로 쌓아놓았던 물량은 적갈색 위에 흑색을 입혀 염색했다.

한국군에 지원된 미군 전투 부츠는 적갈색과 염색된 흑색의 것이 섞여 들어왔는데, 장교들이 적갈색을 선호하여 한때 장교용은 적갈색, 병사용은 흑색으로 구분하기도 했다.

상 1953년에 제작된 1948년형 전투 부츠. 적갈색 위에 흑색 염색을 한 것이다. ⓒwww.worthpoint.com
하 미군 1948년형 전투 부츠를 신고 있는 한국군. 자세히 보면 적갈색이다. ⓒflashbak.com

군인들만 군화를 신은 것은 아니다. 민간인들도 밖으로 유출된 군화를 구두 대신 신고 다녔다. 사진은 6.25전쟁 직후 수학여행에서 찍은 것으로 보인다. ⓒflashbak.com

23 나일론

나일론 그리고 전투복
: 나일론의 탄생 비화

첫 판매부터 완판 사례, 나일론 스타킹

1939년 10월 24일, 미국 화학회사 듀폰DuPont이 신제품 나일론nylon 스타킹과 양말을 공식 판매했다. 시장에 내놓은 40만 족은 나흘 만에 다 팔렸다. 섬유산업의 지각변동을 예고하는 상징적 사건이었다.

프랑스를 추월하라!

1920년대 섬유시장은 이전에 그랬던 것처럼 프랑스의 독무대였다.

듀폰 나일론 스타킹의 초기 광고 중 하나 ⓒ듀폰홈페이지

특히 프랑스 섬유기업은 인조 견사 등의 특허를 발판으로 세계시장 장기 독식 토대를 다지고 있었다.

여기에 도전장을 던진 것이 미국 섬유 기업이었다. 이들은 부쩍 성장한 자국 과학기술과 자본을 토대로 프랑스를 따라잡으려 노력했다. 그러나 역사, 특허, 디자인으로 무장한 프랑스 섬유산업의 저력은 한두 해 노력으로 추월할 만한 것이 아니었다.

그러던 어느 날 듀폰사의 화학개발부서 책임자 찰스 스타인Charles Stine이 한 가지 제안을 했다. 이는 발상의 전환을 요구하는 것이었다. 프랑스가 이미 개발한 제품군을 따라잡으려 하지 말고, 지금까지 나오지 않은 신물질을 발명하자는 것이었다.

장기적 안목으로 순수과학 차원의 연구개발에 투자하여 그 성과로 신물질이 나오면, 신소재 - 신제품 - 신상품 순으로 성과를 확대하자고 했다. 듀폰은 이를 받아들여 1927년 3월부터 관련 프로젝트에 대한 지원을 시작했다.

총책임을 맡은 스타인은 화학자 25명을 연구 부서에 배치했다. 이들 중 한 명이 나일론의 아버지 월리스 캐러더스 Wallace Carothers이다.

실험실에서 연구 중인 월리스 캐러더스
ⓒ듀폰홈페이지

필연과 우연의 교차, 나일론의 탄생

하버드대학에서 강의를 하던 화학자 캐러더스는 스타인이 공들여 모셔온 당대 인재였다. 캐러더스는 분자화학 전문가에게 신물질 개발을 의뢰했다. 듀폰은 관련 사업을 '순수과학 프로그램'이라 불렀다. 신물질을 개발하고 제품화하는 과정은 어렵고 길었다. 만 3년 동안 주목할 만한 성과가 나오지 않았다.

그러는 사이 프로그램 총책임은 스타인에서 엘머 볼턴Elmer Bolton으로 바뀌었다. 볼턴은 실용주의자였다. 그는 상업화 가능한 신물질 개발을 독촉했다. 때마침 1930년 3월에 팀원인 아놀드 콜린스Arnold Collins가 우연히 네오프렌neoprene을 합성했다. 네오프렌은 천연고무를 대체할만한 성질(탄성, 회복력 등)을 갖고 있었다. 시행착오 끝에 1932년에 안정적인 생산법을 고안했으나 단가가 너무 비싸 상업화는 하지 못했다.

이런저런 와중에도 캐더러스는 끈질기게 연구개발에 진력했고 1931년 여름을 전후하여 천연 고무와 솜의 성질을 동시에 갖고 있는 신물질을 발명했다. 이것이 수퍼폴리머superpolymers이다.

수퍼폴리머는 질기고 딱딱한 고체였는데 열을 가하면 투명해지면서 찐득찐득한 액체 상태가 되었다. 문제는 수퍼폴리머가 '상업화 가능한 신물질'이 아니란 점이었다.

그리고 이쯤에서 우리가 잘 알고 있는 나일론 탄생 비화가 등장한다. 캐러더스의 연구팀원 중 한 명이었던 줄리안 힐Jullian Hill은 열에 녹은 수퍼폴리머를 이리저리 늘려보고 있었다. 그러다가 길게 늘여서 실처럼 뽑아내보았다. 수퍼폴리머에서 뽑아낸 실은 탄성과 회복력을 동시에 갖춘, 강하면서도 부드러운 섬유 상태가 되었다. 이것이 나일론이 되는 것이다.

자신이 수퍼폴리머로부터 최초로 실 형태를 뽑아내던 순간을 재연 중인 줄리안 힐 ⓒ듀폰 홈페이지

나일론을 상업화하라

우연한 사건으로 발견한 나일론에서 상품성을 읽은 듀폰사는 여기에 사운을 걸기로 했다. 나일론의 원료인 수퍼폴리머와 관련된 모든 물질, 공정 등에 특허를 출원하고 상품 개발을 위한 여러 개의 팀을 발족했다.

그러나 생각처럼 일이 쉽게 되지는 않았다. 1931년으로부터 3년 간 별다른 성과를 내지 못했다. 반복 실험으로 수많은 샘플을 만들었으나 내구성, 내화성이 약해 돈 받고 팔 정도는 안 되었던 것이다.

마침내 상품화할 정도의 성과가 나온 것은 1934년이었다. '나일론 66 염'이라고 부르는 원재료(중합체)를 가열하여 길게 뽑아냄과 동시에 알코올, 물 등에 통과시키고 이후 '건조 - 방사 - 연신 – 열 고정'을 거치는 안정적 공정이 확립됐다. 1935년 7월부터는 대량생산 체제를 갖추는 데 주력했다.

1939년 최종 실험단계에서 생산된 나일론의 샘플. 나일론 명칭의 유래는 '닳지 않는다'는 뜻인 'no run'의 철자를 역순으로 한 'nuron'에서 왔다는 설과 '다리지 않아도 된다'는 뜻인 'no iron'에서 왔다는 설이 있다. 이를 'nilon'으로 했다가 최종적으로는 'nylon'이 낙점됐다. ⓒ듀폰홈페이지

스타킹, 양말에서 낙하산까지

듀폰은 1938년 델라웨어 시포드에 첫 번째 나일론 공장을 세웠다. 같은 해 9월, 특허 및 상표 등록 문제가 해결되자 대대적인 광고, 홍보를 시작했다.

나일론 상품화의 첫 타자는 스타킹, 양말이었다. 앞서 시장조사팀이 나일론 소재의 특성과 소비자 요구가 만나는 지점이 스타킹, 양말이라고 결론 내렸기 때문이다. 듀폰은 나일론이 실크, 인조견사를 대체할 수 있을 것으로 봤다. 시험 삼아 나일론 양말 시제품을 공장근무자 가족에게 시판했는데 3시간 만에 준비했던 4천 족이 모두 동났다.

상 듀폰의 첫 번째 나일론 방직공장. "시포드, 세계 나일론의 수도"라고 쓰여 있다. ⓒ미국립문서기록관리청
하 1937년 나일론 양말 시제품(좌). 상단은 가죽으로 앞·뒤꿈치는 실크로 처리했다. 1938년 뉴욕에 세워진 나일론 대형 광고 구조물(우) ⓒ듀폰홈페이지

제2차 세계대전의 발발과 나일론의 운명

듀폰은 원래 전쟁 기업이었다. 1802년에 탄약 등 전투 물자를 미군에 납품하면서 두각을 나타냈다. 1941년 미국이 제2차 세계대전 참전을 결정했을 때 듀폰은 이미 판세를 읽고 납품 전쟁에 뛰어들 준비를 하고 있었다.

원래 듀폰이 눈독 들였던 것은 '실크'였다. 전략팀은 실크가 제2차 세계대전 향방을 가를 주요 소재라고 봤다. 공군의 도약 때문이었다.

제1차 세계대전 이후 각국은 경쟁적으로 공군력을 키웠다. 공군 성장에 따라 탑승자 보온복, 대공포판, 낙하산 등의 소요가 크게 늘었는데 그 소재가 주로 실크였다. 당시 낙하산 하나를 만드는 데에 약 65제곱미터의 실크천이 필요했다고 하니 얼마나 많은 실크가 필요했을지 상상해보라. 그뿐이랴. 한 대에 10명 타는 B-17 폭격기 총 생산대수(제2차 세계대전기)는 자그마치 12,731대였다. 아마 세계의 모든 실크가 군대로 들어갔을 것이다.

그런데 미국은 이런 수요를 채울 실크를 확보하지 못했다. 실크 주산지인 극동 일대를 적국인 일본이 점령하고 있었기 때문이다.

때마침 듀폰은 나일론을 갖고 있었다. 나일론은 실크의 장점을 두루 갖추었으면서 대량생산도 할 수 있었다. 듀폰은 스타킹 및 양말류 생산 라인을 여차하면 전시 물자 생산라인으로 전환할 수 있도록 준비했다.

1941년 12월 7일, 일본의 진주만 폭격을 계기로 미국은 제2차 세계대전에 개입했고 전쟁 선포와 동시에 듀폰은 모든 나일론 생산 공정을 전시 체제에 맞게 전환했다. 듀폰의 나일론은 피복류뿐만 아니라 주요 무기, 장비 소재도 대체했다. 군복, 철모피, 총기 끈, 낙하산, 타이어코드, 밧줄, 연료통 등 나일론이 들어가지 않은 것을 찾을 수 없을 정도였다.

24 | 구김 모자

구김 모자 유행의 시초는 누구였을까?
맥아더 장군

맥아더 장군의 시그니처 모자

다음 사진은 우리가 잘 알고 있는 더글라스 맥아더Douglas MacArthur 장군의 모습을 담고 있다. 좌측은 1945년 1월 1일, 도쿄 극동군사령부에서 국기게양식 후, 우측은 1950년 10월 15일, 트루먼 대통령과의 웨이크 회담 직후 촬영했다.

국기게양식과 대통령 회담은 군인이 참석할 수 있는 최상위 제식이다. 복제규정에는 예복 혹은 정복을 입으라고 명시되어 있다. 맥아더 장군은 예복이나 정복은 아니지만 전시 복장인 하계 근무복을 입고 있다. 오래 전이니까 전시 상황이니까 미군이니까 장군이니까 용인할 수 있는

1945년과 1950년에 촬영한 맥아더 장군의 모습 ⓒnpg.si.edu

복장이었다고 치자. 그러나 저 모자는 아무리 봐도 제식에 쓰고 나올 만한 것이 아니다. 제식이 문제가 아니라 군인이 저런 것을 쓰고 다녀도 되나 싶을 정도이다. 군인이고 아니고를 떠나서 구겨지고 때 탄 저것은 어딜 봐도 제대로 된 모자가 아니다.

혹시나 '모자 하나 갖고 제대로 된 것이니 아니니 호들갑스럽다'고 여길 분들이 있을지 모르겠다. 그러나 모자 부분을 확대한 아래 사진을 본다면 '아, 그렇네. 진짜 너무했네' 하고 생각이 바뀔 것이다.

웨이크 회담에서 맥아더 장군은 이 모자를 쓰고 트루먼 대통령 앞에 나타났다. ⓒnpg.si.edu

구김 모자

맥아더 장군은 왜 구겨지고 때 탄 모자를 쓰고 다녔던 것일까? 그리고 저 모자의 정체는 도대체 무엇일까?

우선 확실한 것 하나. 맥아더 장군은 정모가 없어서 구겨진 모자를 쓰고 다닌 것이 아니다. 아래 사진처럼 미군 장군은 제대로 된 정모를 지급받는다.

좌 1930년대 미 육군 장군에게 지급되던 정모 ⓒ이베이
우 제2차 세계대전 당시 오마르 브래들리 장군에게 헌정된 정모(주문 제작품) ⓒjjamesauctions.hibid.com

어떤 이들은 맥아더 장군이 구겨지고 때 탄 모자를 쓰고 다닌 이유에 대해 이렇게 추론하기도 한다. '미 육군 규정에 없는, 구겨지고 때 탄 모자를 쓴 것은 자기중심적이고 안하무인 격이었던 맥아더 장군의 성격을 잘 보여준다'고 말이다. 과연 정말 그럴까? 결론부터 말하자면 그렇지 않다. 다음 사진을 보자.

1945년 9월 2일, 일본 항복 조인식 속 사진

우측 사진은 1945년 9월 2일 일본 항복 조인식을 찍은 것이다. 적국 항복을 받는 협정, 조약, 조인 행사는 아마도 군인이 참석할 수 있는 가장 영광스러운 제식일 것이다. 예복, 정복을 입는 것이 관례이다. 그러나 맥

1945년 9월 2일 미 해군 미주리호 함상에서의 일본 항복 조인식(상단), 맥아더와 서덜랜드 장군의 모자를 확대한 모습(하단) ⓒ스미소니언박물관

아더 장군(좌측)은 역시나 근무복에 구겨진 모자 차림이다(그 앞에 예복 입고 서명하는 자는 일본 외무대신 시게미츠 마모루이다). 맥아더 장군만 그런가 하고 보면, 아니다. 시게미츠 마모루 앞에 서 있는 미 극동 육군사령부 참모장 리차드 서덜랜드 중장도 근무복에 구겨진 모자를 쓰고 있다.

그렇다면 이 두 장군만 별종이라서 구겨진 모자를 쓰고 조인식에 나왔던 것일까? 아니다. 다음 사진은 조인식의 다른 장면인데 자세히 들여다보면 중간중간 구겨진 모자를 쓴 이들이 보인다.

구김 모자

일본 항복 조인식. 맥아더 장군이 서명하고 있으며 나머지 장교들은 부동자세로 도열해있다. ⓒ스미소니언 박물관

구김 모자

20세기 초 미군 장교들 사이에 '구김 모자crusher cap'라는 것이 유행했다. 정모peaked cap 테의 모양을 유지하는 안쪽 링을 빼낸 채 쓰고 다녔다. 물론 이것은 일부 장교들의 자의적인 행동이었다. 그리고 복제 규정 위반이었다. 왜 그렇게 했을까?

첫째는 편리성 때문이었다. 미 해군 장교들은 함교에서 정모를 쓰고 지휘했는데 그대로는 통신을 위한 헤드폰을 쓸 수 없었다. 때문에 안쪽의 링을 빼고 양옆을 구겨 헤드폰을 쓰기 쉽게 한 것이었다. 같은 이유로 독일군 기갑 장교들도 그렇게 했다.

둘째는 멋 때문이었다. 군인들은 종종 구겨지고 비뚤어진 것을 베테랑의 연륜, 전장의 멋으로 여긴다. 모자를 한쪽에 걸쳐 비뚤어지게 쓰고 군복 상의 단추를 풀어 헤친 채 다니는 일탈은 전장에서 늘 관찰된다.

군대 내에서 편리함과 멋을 동시에 가진 것은 어디에서든 통한다. 구김 모자는 곧 장교들 사이에 큰 유행이 되었다. 제1차 세계대전 기간 동안 영관 장교를 거쳐 장군이 된 맥아더도 그중 한 명이었다.

① 제1차 세계대전 당시의 장교용 정모(위관장교용). 챙 안쪽에 링이 있어 형태가 유지된다. ⓒ이베이
② 제1차 세계대전 당시 한 공군 장교가 착용했던 구김 모자 ⓒ이베이
③ 구김 모자 위에 헤드폰을 쓴 모습 ⓒacmedepot.com
④ 영화 《정오의 출격(1949)》에서 그레고리 팩이 구김 모자를 쓰고 있다. 우측은 촬영 당시 썼던 구김 모자 ⓒima-usa.com

구김 모자

제1차 세계대전기 맥아더 장군의 구김 모자

맥아더는 제1차 세계대전 기간과 전후 내내 같은 모자를 썼다. 그것은 지급 받은 장교용 정모의 링을 빼낸 구김 모자였다.

1918년에 촬영한 맥아더 준장의 모습. 구김 모자를 쓰고 있다. ⓒ위키미디어커먼스

미 육군 참모총장 시절(1930~1935)의 맥아더 장군

그런데 아래 사진을 보면 맥아더 장군이 챙을 구기지 않은 제대로 된 정모를 쓰고 있다. 왜일까?

사진은 맥아더 장군이 미 육군 참모총장직을 수행하던 1930년에서 1935년까지의 것이며, 그는 전 장병에게 모범을 보여야 했기 때문이다. 아무리 맥아더 장군이라 하더라도 참모총장이 구김 모자를 쓰고 규정 위반을 할 수는 없는 노릇이었다.

미 육군 참모총장 시절(1930~1935) 맥아더 장군의 모습 ⓒ미육군군사연구소

1930년 미 육군 참모총장 임명 직전에 촬영한 사진으로 추정된다. 흑백 사진을 컬러로 복원한 것이다.
ⓒ위키미디어커먼스

다시 구김 모자로

맥아더 장군은 미 육군 참모총장직을 마치고 1936년 퇴역했다. 그리고 최종 계급은 예비역 소장이 되었다. 미군은 전쟁 중 직책 진급, 임시 진급을 한 군인이 전시戰時에 퇴역하면 현행 계급을 인정해주고, 전후戰後에 퇴역하면 직책 진급, 임시 진급을 제외한 계급permanent rank으로 복귀시킨다.

맥아더 장군은 퇴역 후 곧바로 필리핀 대통령에 의해 필리핀 군사고문단장에 위촉되었다. 필리핀 대통령 마누엘 케손은 필리핀 육군 원수 계급을 부여했다.

그런데 당시는 필리핀 정규군이 창설되기 이전이었다. 따라서 맥아더 장군이 필리핀 육군 원수로서 입을 군복 또한 마련되지 않은 상태였다. 이에 필리핀 대통령은 현지 기후에 맞게 통풍이 잘 되는 소재 제복을 디자인하여 맥아더 장군에게 하사했다. 소재는 아마도 필리핀 남성 정장인 '바롱 타갈로그barong tagalog'에 쓰는 바나나 섬유와 면을 혼방했을 것이다. 색은 제1차 세계대전 최고의 히트작이라고 할 수 있는 카키khaki를 썼다.

1936년 필리핀군 군사고문단장으로서 필리핀군 사열 시 모습. 구김 모자를 쓰고 있다. ⓒ미국립문서기록관리청

맥아더 장군은 내내 그래왔던 것처럼 자신의 '구김 모자'를 썼다. 그리고 그것은 제1차 세계대전 때부터 써오던 것이었다. 달라진 것이 있다면 금사로 수놓은 떡갈나무 잎oak leaf이었다. 이는 새 복제 규정에 의한 것으로 영관장교는 모자챙에, 장군은 모자챙과 모자 통에 떡갈나무 잎 장식을 넣도록 되어 있었다.

제2차 세계대전부터 한국전쟁까지

1941년 미국은 퇴역한 맥아더를 다시 전장으로 소환했다. 맥아더 장군이 맡은 직책은 미 극동 육군사령관, 계급은 대장이었다. 맥아더 장군은 자신이 제1차 세계대전 때부터 써왔으며 필리핀 군사고문단장 시절에도 썼던 구김 모자를 그대로 쓰고 참전했다(세간에는 필리핀 대통령이 축하의 의미로 정모를 선물했다느니, 전쟁이 벌어지자 맥아더 장군이 자신이 쓸 정모 하나를 새로 주문 제작했느니 여러 주장이 있는데 사실과 다르다).

1941년 호주 시찰 시의 모습 ⓒ버지니아맥아더기념관

맥아더 장군은 마치 야구선수가 글러브를 길들이듯 구김 모자를 손으로 구겨 눌러 자신이 원하는 형태를 만들어 쓰고 다녔다. 특별한 일이 없는 한 구김 모자를 쓰고 다녔기에 땀 혹은 비에 젖었고 전장의 먼지, 포연, 그을음이 스며들었다.

맥아더 장군의 모자 실물 ⓒ버지니아맥아더기념관

25 | 풀 비어드

평시에도 수염을 기를 수 있는 군인들

군대에서 수염을 기른다고?

군대는 군인이 수염 기르는 것을 제한한다. 그 이유는 첫째, 전투에 불리하기 때문이다. 상호 살인무기를 든 백병전에서는 수염을 잡히는 것만으로도 생사가 갈릴 수 있다. 머리를 짧게 자르는 것도 마찬가지 이유에서다.

둘째, 평시 위생관리를 위해서다. 머리를 짧게 자르고 수염을 깎는 것은 벼룩과 이, 그리고 수인성 전염병 발병률을 최소화하기 위한 조치이다.

셋째, 외모를 즉각 알아볼 수 있게 하기 위해서다. 수염을 길고 짧게 깎는 것만으로도 사람이 달라 보이는데 이는 상황 파악과 실시간 조치에 방해가 된다.

한때 SNS에서 유행했던 '수염 챌린지'. 수염을 기른 아빠가 수염을 싹 밀고 아이의 반응을 보는 것이다. 낯선 얼굴에 아이들은 대부분 울음을 터뜨렸다. ⓒ유튜브

그러나 모든 법칙에는 예외가 있다. 예를 들어, 영국 해군은 수염을 기를 수 있다.

영국 해군의 풀-비어드

영국 해군은 오래 전부터 수염을 길렀다. 그런데 이 수염은 완벽해야 한다. 콧수염, 턱수염, 구레나룻이 이어진 '풀-비어드 full beard'만 허용된다.

그런데, 수염이 코 밑에만 나고 턱에는 제대로 안 난다면 어떻게 될까. 이런 경우 수염을 기를 수 없다. 영국 해군 규정에 의하면 수염을 기른 지 6주가 지나도 '풀-비어드' 상태가 되지 않으면 지휘관이 '수염을 깎으라'고 지시할 수 있다.

1891년, 해군 복무 중 친구였던 니콜라이 로마노프(좌측)를 초대해 함께 사진을 찍은 조지 윈저(우측). 둘 다 풀-비어드를 하고 있다. 로마노프는 나중에 러시아 황제 니콜라이 2세가, 윈저는 영국 왕 조지 5세가 된다. ⓒforces.net

참고로, 니콜라이 2세(좌측)와 조지 5세(우측)는 사촌지간이었다. ⓒhistory.com

    기르는 것도 까다롭지만, 난 수염을 깎는 것도 쉽지 않다. 예를 들어 수염을 다 기르고 보니 별로 맘에 들지 않을 경우, 어떻게 해야 할까. 특별한 사유가 없다면 자를 수 없다. 수염을 기른다고 보고하고 허가받은 날로부터 6개월이 될 때까지 기다려야 한다.

의장 행사 중인 영국 해군 병사들. 수염을 기른 이도 있고 그렇지 않은 이도 있다. 그러나 '어중간한' 수염은 없다. ⓒforces.net

    영국 해군의 풀 비어드 이외에도 수염을 기르는 것이 허용되는 경우가 있다. 임무 수행 중인 군인은 지휘관의 판단에 따라 수염을 기르기도 한다. 혹한이나 폭염 조건 하에서 장기간 활동해야 한다든가, 수염을 기르는 문화권에 잠입하여 비밀 작전을 할 경우에는 지휘관이 수염 기르는 것을 허용할 수 있다.

직책과 임무에 따른 수염 기르기의 허용

영국 육군도 원칙적으로 수염 기르는 것을 제한한다. 특히, 부대 공식 행사에는 모두 수염을 깎고 참가하도록 되어 있다. 그런데 여기에 예외가 있다.

아래 사진을 보자. 이것은 실제 상비군의 퍼레이드이고 사진 속 군인은 모두 현역이다. 수염을 기른 이 역시 마찬가지다. 그는 평시 영내 활동시에도 공식 행사 때도 저렇게 수염을 기른 채이다.

그런데 사진을 본 사람들은 아마 이렇게 말할 것이다. "지금 수염이 문제가 아니잖아요. 저 앞치마와 도끼는 뭡니까?"

수염을 기른 채로 행진하고 있는 첨병 부사관 ⓒforces.net

1)영국군에서 고용한 용병 대장장이

사진 속 군인은 '첨병 부사관The Pioneer Sergeant'이다. 그의 앞치마와 도끼는 '코스프레'가 아닌 정식으로 부대에 등록된 무기와 장구류이다. 그 유래는 다음과 같다.

18세기 영국군은 부대별로 대장장이를 고용했다. 이들의 임무는 말 그대로 대장장이였다. 전장에도 함께 나가 현장에서 무기와 장구류를 보수했다.

부대에 고용된 대장장이는 쇠를 다루는 동안 군복이 상하지 않게 앞치마를 두르고, 튄 불똥에 얼굴을 상하지 않게 수염을 길렀다. 이렇게 앞치마와 수염은 부대 대장장이의 상징이 됐다.

대장장이는 직업 특성상 완력이 좋고 무기를 잘 다루었다. 그래서 종종 행군 대열의 선두에 섰다. 장애물을 만나면 치우고 울창한 숲에서는 도끼나 정글도를 들고 길을 냈다. 적과 조우하여 교전이 벌어져도 제 몫을 충분히 해냈다. 이런 이유로 부대 대장장이는 제대 최선두에 서는 첨병 부사관이 되었다.

첨병 부사관이 자신의 도끼와 앞치마를 들어 보이고 있다. ⓒforces.net

상 부대 입구에서 흰색 앞치마를 두르고 도끼를 든 채 포즈를 취한 첨병 부사관 ⓒwearethemighty.com
하 첨병 부사관의 앞치마와 도끼는 부대마다 조금씩 다르다. ⓒforces.net

군이 현대화 되고 날붙이 달린 무기를 제작·보수할 일이 없어지자 자연 대장장이도 필요 없게 되었다. 그러나 영국군은 전통을 이어가는 차원에서 첨병 부사관을 그대로 운용하고 있다. 통상 부대 내에서 근무태도, 교육 성적, 신체조건, 체력 등이 가장 뛰어난 부사관을 첨병 부사관으로 임명한다.

2) 영국 군악대장과 스코틀랜드 군악대 파이프 연주자

군악대의 경우 전통적으로 수염을 기르는 것이 허용된다. 특이한 것은 군악대장이나 파이프 연주자 같은 대표성 있는 직책에만 '풀-비어드'가 허용된다는 점이다. 다른 대원들은 대개 콧수염, 턱수염 중 하나를 선택하여 기른다.

① 행진 선두에 선 영국군 군악대장. 풀-비어드를 하고 있다. ⓒforces.net
② 풀-비어드를 한 스코틀랜드 군악대 파이프 연주자(앞). 뒤에 있는 군악대원은 콧수염만 있다. ⓒforces.net
③ 아일랜드 군악대 나팔수의 모습. 이런 스타일의 수염을 '머튼 촙스Mutton Chops; 양갈비'라고 한다. ⓒhttp://forum.irishmilitaryonline.com

풀 비어드

3) 염소 대장의 수염

수염을 기를 수 있는 보직 중 '염소 대장Goat Major'이라는 아주 특이한 것이 있다. '염소 대장'은 부대의 마스코트인 염소(병사 계급과 고유 군번을 부여한다)를 이끄는 부사관 혹은 병사이다.

영국 웰시 연대Royal Welsh는 18세기 중후반 미국 주둔 시절부터 염소를 부대 마스코트 삼아 데리고 다녔다. 그러다가 제1차 세계대전기에는 염소를 아예 부대 편제에 포함하여 정식 부대원으로 삼았다.

기록에 의하면 첫 '연대 염소The Regimental Goat' 보직을 받은 것은 '타피 4세'이다. 타피 4세는 부대원들과 함께 격전지를 누볐고 전후에는 각종 기념·보훈·자선 행사에서 활약했다. 그 공로를 인정받아 수차례 훈장을 받았으며, 영국 여왕이 주관하는 시가행진 대열에 서기도 했다.

염소 대장이 수염을 기르는 이유에 대해 '얼굴을 덮은 수염이 특징인 염소와의 유대감 강화를 위해서'라는 설명도 있던데 설득력이 약하다. 연대 염소를 이끌고, 앞서 설명했던 첨병 부사관이나 군악대장처럼 행진 대열의 선두에 서기 때문에 상징적으로 풀-비어드를 기르는 것이다.

제1차 세계대전기 웰시 연대의 마스코트였던 타피. 계급은 병장이었다. ⓒ영국육군박물관

상 윌리엄 윈저 1세(2001~2009)와 염소 대장 데이비드 조셉 상사
하 염소 대장 마크 잭슨 상사와 윌리엄 윈저 2세(2009~현재) ⓒ dailypost.co.uk

종교적인 전통에 의한 수염

종교적 전통에 특정 외양이 명시되어 있다면 이를 영내에서도 허용하는 것이 최근 추세이다. 2009년 미 육군은 아래 사진 속 두 장교의 터번 착용과 수염 기르기를 허용하기로 했다. 그들의 종교인 시크교Sikh 교리를 존중하기로 한 것이다. (물론 특정 종교 교도임을 증명하는 것은 본인 몫이다. 일정한 형식을 갖춘 심사를 통해 자신의 종교적 정체성을 증명할 수 있어야 한다.)

미군보다 먼저 시크교도의 터번과 수염을 허용한 것은 영국군이다. 영국군은 19세기 중엽 인도 시크교도로 구성된 부대를 창설했는데 그 수가 점점 늘어나 20세기 초에는 5개 연대까지 늘어났다. 시크 연대는 영국군의 일부로 크고 작은 전쟁에서 활약했고 두 번의 세계대전에서 가장 용맹스러운 부대 중 하나로 손꼽혔다.

인도 독립 후 시크 연대는 본국에 재배속되었지만 영국은 시크 연대 소속 장병의 영국군 잔류, 영국 귀화를 허용했다. 인도군 시크 연대와 영국군 인도계 시크교도 장병은 지금도 수염을 기르고 터번을 쓴 채 근무한다.

미 육군 카말 칼시 대위와 테집 라탄 대위의 모습. ⓒstripes.com

좌 수염을 기르고 터번을 쓴 채 근무하고 있는 영국군 장병 ⓒnbcnews.com
우 유엔평화유지 임무를 수행하고 있는 인도 시크 연대 장병들. 이들에겐 터번과 수염이 당연히 지켜야 할 규범이다. ⓒpeacekeeping.un.org

26 케피

캡 스타일 모자의 기원, 케피

페르디낭 포슈 장군이 쓰고 있는 모자

다음 사진 속 인물은 프랑스군 페르디낭 포슈Ferdinand Jean Marie Foch 장군이다. 제1차 세계대전기 연합군 총사령관이었으며 프랑스군의 원수이자 영국군과 폴란드군의 명예 원수였다. 군인으로서 최고의 자리에 올라간 셈이다.

포슈에 대해선 두 가지 평가가 엇갈린다. 하나는 유럽 군사교리의 형식을 완성하고 연합군을 승리로 이끈 탁월한 지휘자, 다른 하나는 공격 일변도의 전쟁 지도로 불필요한 피해를 가중시킨 이상주의자이다.

어떤 평가가 맞는지는 관점에 따라 다를 테고 어쨌든 확실한 것은, 포슈는 20세기 전쟁사에 큰 영향을 미친 인물 중 다섯 손가락에 꼽힌다. 그

제1차 세계대전기에 촬영한 페르디낭 포슈 장군의 사진 ⓒ위키미디어커먼스

래서인지 인터넷에 '페르디낭 포슈'를 키워드로 검색하면 참으로 많은 정보가 뜬다.

그런데 이미지 검색의 결과를 가만히 들여다보면 흥미로운 사실을 하나 발견할 수 있다. 그는 항상 똑같은 모자를 쓰고 있다. 이 모자의 정체는 무엇일까?

'페르디낭 포슈'로 인터넷 검색한 이미지 결과물 ⓒ구글이미지검색

케피를 찾아서

포슈가 쓰고 있는 모자는 '케피kepi'라고 하는 것이다. 북부 독일어로부터 온 프랑스어인데 '모자cap'라는 뜻이다. 케피는 프랑스군 군용 모자

였다. 1850년대에 프랑스군에 널리 보급되었다.

명칭의 평범함으로부터 미루어 짐작할 수 있듯이, 케피는 특별한 유래나 기능성이 있는 모자는 아니었다. 일종의 중간 개량형이었다. 그렇다면 케피 이전에는 어떤 모자들이 있었을까?

1) 샤코Shako

'군용 모자'라고 부를 수 있는 최초의 것은 19세기 초의 '샤코shako'였다. '샤코'는 헝가리 경기병Hungarian hussar이 착용하던 모자에서 비롯된 것이다. 그 뜻은 헝가리어로 '뾰족한, 봉우리, 꼭대기'라는 뜻인데 헝가리 경기병이 쓰던 모자를 보면 아래 사진처럼 봉우리 같이 생긴 것을 알 수 있다.

행사에서 재현한 헝가리 경기병의 모습. 샤코를 쓰고 있다. ⓒmedium.com

실제 1800년대 중반에 사용되었던 샤코
©gallery.hungaricana.hu

샤코는 1830년을 전후한 시기에 프랑스를 거쳐 전 유럽 군대에 보급되었다. 병과를 막론하고 장병 대부분이 샤코를 썼다. 그러나 19세기 중반부터 샤코는 철제 헬멧과 뒤에 설명할 케피에 밀려 전장에서 자취를 감추게 되었다.

2) 아프리카 모자 Casquette d'Afrique

'아프리카 모자 casquette d'Afrique'는 샤코의 개량형이었다. 샤코는 높아서 여기저기 걸렸고 딱딱해서 불편했다. 정글이나 열대 기후에선 골칫덩이었다. 그래서 개량형으로 나온 것 중 하나가 아프리카 모자이다.

처음엔 현지에서 임무를 수행하던 병사 중 일부가 샤코의 장식을 떼어내고 통을 낮게 잘라내 쓰고 다녔을 것이다. 이어 실용성을 인정한 지휘부의 결심에 의해 샤코의 개량형으로 아프리카 모자가 정식 보급되었을 것이다.

좌 삽화, 〈1845년 아프리카 모자를 쓴 척후병〉 ⓒ위키미디어커먼스
우 남북전쟁기 미 남부군이 사용했던 군용 모자. 아프리카 모자의 개량형이다. ⓒhistorical.ha.com

좌 삽화, 〈1852년 아프리카 모자를 쓴 프랑스 외인부대〉 ⓒ위키미디어커먼스
우 현재 남아 있는 아프리카 모자의 실물 ⓒ binocheetgiquello.com

3) 케피의 등장

아프리카 모자를 쓰고 근무하던 프랑스군 장병은 본토로 돌아가서도 계속 그것을 썼다. 가볍고 편한 아프리카 모자 대신 샤코를 쓰기 망설여졌을 것이다. 일부는 이것저것 다 뗀 아프리카 모자에 샤코의 브레이드 braid 장식을 달아 쓰고 다녔다.

상 1867년경 근위대의 것으로 추정되는 케피 ⓒ이베이
하 케피를 쓰고 있는 프랑스군 조르주 불랑제 장군 (1880년 추정) ⓒ위키미디어커먼스

'오리 주둥이'라 불렸던 초기의 케피

프랑스군 장교들은 불편한 샤코 대신 아프리카 모자를 쓰고 다녔다. 그러나 제식 규정에 포함되지 않은 것을 각자 주문 제작했기 때문에 규격, 재질이 제각각이었다.

이런 현실을 반영하여 프랑스군은 1852년 영내로 착용 지역을 한정한 아프리카 모자 개량형을 내놓았다. 이것이 공식적으로 케피의 첫 모델이 된다. 프랑스군은 명칭을 '순찰 챙 모자bonnet de police à visière'로 정했지만 너도나도 그냥 케피로 불렀다.

1852년 프랑스군 장군이 쓰고 다니던 순찰 챙 모자
ⓒliveauctioneers.com

1867년형, 1886년형 케피

1870년 보불 전쟁이 발발했을 때 프랑스군은 전장에 나가는 병사들에게 샤코 착용을 지시했다. 케피는 어디까지나 영내 착용이 원칙이었기 때문이다.

그러나 병사들은 높고 딱딱하여 불편한 샤코 착용을 거부했다. 이에 나폴레옹 3세는 기존 샤코 대신 케피를 쓰고 전장에 나갈 수 있게 규정, 지침을 고치라 지시했다.

이때 프랑스군 장병들이 착용한 것이 1867년형 케피이다. 1867년 케피부터 통이 조금씩 낮아지고 위로 갈수록 좁아지던 디자인이 원통형으로 바뀐다. 챙은 네모진 모양새였는데 이 때문에 '오리 주둥이bec de canard'란 별칭으로 불리기도 했다.

전쟁이 끝난 후 몇 차례 개선을 거쳐 1886년형 케피가 나왔다. 사실

상
1867년형 케피. 보불 전쟁 당시 프랑스군 병사들이 착용했던 모델이다. 모자 앞의 숫자 '97'은 소속 연대를 의미한다. ⓒcowanauctions.com

하
프랑스군 장교용 케피 ⓒworth-point.com

상 케피의 완성형이라고 할 수 있다. 프랑스군은 제1차 세계대전 초기까지 1886년형 케피를 썼다.

1886년형 케피의 가장 큰 특징은 챙의 형태였다. 1867년형 케피의 '오리 주둥이' 챙은 낡으면 모서리 쪽이 구부러졌다. 우천 시에는 구부러진 모서리를 타고 비가 줄줄 흘러내렸다. 이런 이유로 챙을 둥글게 바꾸었다. 오늘날 우리가 알고 있는 모자의 챙은 이때부터 둥근 모양이 된 것이다.

둥근 챙 위에는 가죽끈이 달려 있다. 필요할 때 늘려서 내리면 턱끈이 된다. 제1차 세계대전 초기에는 케피 안쪽에 머리 보호를 위한 철제 덮개를 넣어서 썼는데 그 때문에 철제 덮개와 케피를 고정하기 위한 턱끈을 달았던 것이다.

상
1886년형 케피 ⓒaiolfi.com
하
사진에서 보는 것처럼 철제 덮개(좌)를 머리에 덮고 그 위에 케피를 썼다.
ⓒhistoire-passy-montblanc.fr

제1차 세계대전 초기 케피를 쓰고 참호에 들어가 있는 프랑스군 병사들의 모습. 1867년형, 1886년형 케피가 섞여 있다. ⓒlexpress.fr

아래의 케피는 프랑스군 제322연대 소속의 영관 장교가 착용했던 것이다. 케피 전체에 보이는 황금색 세 줄 브레이드는 영관장교를 뜻한다. 크라운 부위를 보면 병사와 달리 문양이 들어가 있는 것을 알 수 있다. 이를 '오스트리아 매듭Austrian knot'이라고 하는데 장교의 계급을 나타내는 표시로 썼다.

제1차 세계대전 초기 프랑스군 장교용 케피 ©paradeantiques.co.uk

제1차 세계대전의 발발과 케피의 퇴장

제1차 세계대전이 발발했을 때 케피에 가장 먼저 일어난 변화는 색이 적색에서 청색 혹은 회색으로 바뀐 것이었다. 적색은 너무나 눈에 잘 띄어서 마치 '날 쏴주세요' 하고 표적을 쓰고 다니는 것 같았기 때문이다.

케피의 색을 눈에 덜 띄는 색으로 바꿨지만 전사상자의 수가 줄어들진 않았다. 포탄에는 눈이 달려있지 않았기 때문이다.

제1차 세계대전 초기 대량 전사상자 발생의 가장 큰 원인은 포탄이었다. 전쟁 전 '가볍고 부드럽다'는 호평을 받았던 케피는 돌연 실용성 떨어지는 천덕꾸러기 취급을 받았다. 그리고 곧 프랑스군 최초의 철제 헬멧인 '아드리안 헬멧Adrian helmet'으로 교체되었다.

제1차 세계대전 당시 보급된 청색 케피 ⓒ앵발리드군사박물관

1915년 프랑스군 진지 내부의 모습. 케피와 아드리안 헬멧을 쓴 이들이 뒤섞여 있다. 헬멧을 거꾸로 쓴 이도 있고 헬멧을 쓴 채 한 손에 케피를 든 이도 있는 것으로 보아 아드리안 헬멧을 보급 받아 써 보고 있는 중인 듯하다. ⓒhistoire-passy-montblanc.fr

전쟁 그리고 패션 Ⅲ
캣워크 위의 나폴레옹

초판 인쇄 _ 2023년 6월 1일
초판 발행 _ 2023년 6월 1일

지은이 _ 남보람
펴낸이 _ 김지영
디자인 _ 캣치 크리에이티브 솔루션
인쇄 _ 금성C&P

펴낸곳 _ 와이즈플랜
등록번호 _ 제2015-000293호
등록일자 _ 2015년 9월 11일
주소 _ 경기도 김포시 김포한강8로 410 스타프라자 5층 503호
전화 _ 02-338-8566
팩스 _ 02-6455-8567
이메일 _ ysplan8566@gmail.com

ISBN_ 979-11-956268-5-4

* 이 책에 사용된 사진 자료 중 저작권자가 확인되지 않은 사진에 대해서는 추후 저작권자가 확인되는 대로 정식 허가 절차를 진행하겠습니다.